AF292439

LETTRES
SUR LA MORÉE,
L'HELLESPONT
ET CONSTANTINOPLE;

PAR A. L. CASTELLAN,

DE L'ACADÉMIE ROYALE DES BEAUX-ARTS.

SECONDE ÉDITION,

Ornée de soixante-trois Planches dessinées et gravées par l'Auteur.

TOME PREMIER.

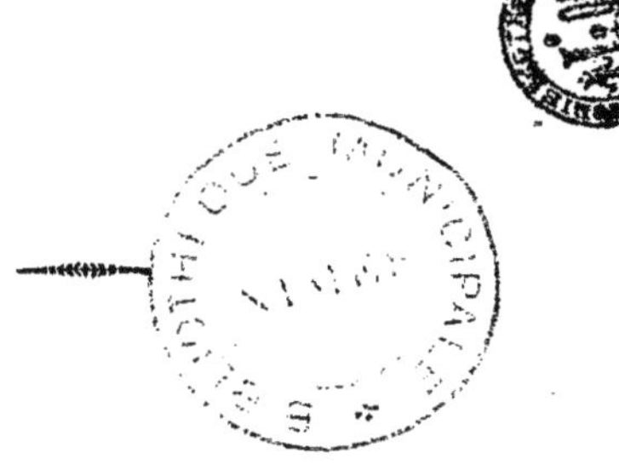

A PARIS,

CHEZ A. NEPVEU, LIBRAIRE,

PASSAGE DES PANORAMAS, N° 26.

MDCCCXX.

INTRODUCTION.

Les Français sont les plus anciens alliés des Turcs, et les traités qui les ont toujours unis devoient être d'autant plus sincères et désintéressés, que ces deux peuples étoient moins voisins. En effet, par leur position respective, la monarchie française et l'empire ottoman, ne pouvant se porter aucun préjudice, étoient au contraire en état de se procurer mutuellement de grands avantages.

Aussi, pendant la révolution qui a bouleversé notre malheureuse patrie, a-t-on vu, par un contraste assez extraordinaire, la république française rechercher l'alliance de la Porte, et ne conserver même d'autre ami que le plus despote des souverains.

Bien plus, le sultan Selim, séduit par une fausse idée de perfectibilité qui lui coûta cher par la suite, et désirant transplanter et faire refleurir les sciences et les arts sur le sol fertile de l'antique Grèce, s'adressa aux Français, et leur demanda des instructions et des exemples. On ne tarda pas en effet à envoyer à Constantinople des généraux, des officiers de toutes armes, des savans, des artistes, et même des artisans de toutes les classes.

Quelque temps après, en 1797, le Grand-Seigneur, voulant faire exécuter dans le port de sa capitale des travaux importans, et surtout une Forme pour radouber les vaisseaux de ligne, à l'instar de celle que M. Brogniart avoit construite à Toulon, offrit à ce célèbre constructeur de passer à Constantinople avec des adjoints en état d'entreprendre et d'exécuter ces ouvrages.

M. Brogniart, déjà avancé en âge, et d'une foible santé, se vit forcé de refuser cette nouvelle occasion de faire briller ses talens.

Le gouvernement français le remplaça dignement par le choix qu'il fit de M. Ferregeau, ingénieur en chef des ponts et chaussées, dont l'expérience et l'activité promettoient un plein succès; il désigna aussi ses collaborateurs. C'est en qualité de dessinateur, que je fus compris dans cette honorable mission.

A notre arrivée à Constantinople, nous fumes surpris de voir les travaux pour lesquels nous avions été appelés, commencés par des ingénieurs étrangers. Il est vrai que les retards que l'on avoit apportés en France à notre départ, les accidens multipliés, les vents contraires, les longues relàches, qui avoient prolongé notre traversée outre mesure ; le bruit même qu'on avoit malignement répandu, que nous avions été pris en mer par les Anglais, ou que nous avions fait naufrage ; enfin, l'impatience de jouir, l'un des traits les plus saillans du caractère turc, tout avoit été contre nous, devoit faire manquer notre mission, et la rendre inutile.

Je profitai néanmoins de l'occasion de ce voyage pour recueillir, dans les contrées que je parcourois, ce que mes foibles connoissances me mettoient à portée d'observer avec fruit ; et, dans la vue d'étendre mes jouissances en les faisant partàger à ma famille et à mes amis, je déposai ces observations dans des Lettres écrites sur les lieux même ; j'y joignis des vues exactes, dessinées d'après nature.

C'est un choix de ces Lettres et Dessins que je me proposai de publier; mais d'autres voyages, des devoirs à remplir, et la gravure de mes dessins faite par moi-même, retardèrent de quelques années l'exécution de ce projet, et donnèrent le temps à un voyageur distingué, M. le docteur Pouqueville, qui, depuis, a parcouru à peu près les mêmes contrées, de faire paroître son Voyage en Morée. Je fus donc obligé de supprimer du mien tout ce qui n'auroit été qu'une répétition fastidieuse, et qu'on auroit pu prendre pour un plagiat.

Cependant, les objets vus par diverses personnes, sans cesser d'être les mêmes, peuvent inspirer des réflexions différentes, suivant l'aspect sous lequel on les envisage. Le même lieu, qu'un poëte embellira de tous les charmes de l'imagination, ne présentera à l'observateur profond qu'une source de regrets; mais le peintre doit imiter la nature, s'il veut conserver la ressemblance qu'on exige dans un portrait. C'est sous ce point de vue que je considérois les objets, que je cherchois à les peindre, et mes dessins devenoient en quelque sorte les garans de l'exactitude de mes descriptions.

Au reste, mon voyage avoit été trop rapide, et mon séjour en Morée trop court, pour me flatter d'offrir un corps complet d'observations. Je m'étois contenté de cueillir quelques fleurs sur les bords de ma route, et d'indiquer les abondantes moissons qui attendent un voyageur plus heureux et plus instruit.

C'est en 1808 que parut un premier volume intitulé : *Lettres sur la Morée*, etc., et dans lequel je m'étois borné à parler de ce pays, l'un des moins connus de la Grèce. J'avois extrait seulement de mon journal de voyage ce qui étoit relatif, soit à la Morée proprement dite, soit aux îles de Cérigo, Hydra et Zante, qui l'avoisinent. Mais, n'ayant vu les divers lieux dont je parlois que dans des temps différens, c'est-à-dire en allant et en revenant de Constantinople, il en résultoit, entre la première et la seconde partie de ce volume, une lacune qui comprenoit l'espace de plusieurs mois, et devoit être remplie par la relation du reste de notre voyage, depuis le cap Sunium jusqu'à Constantinople; de notre séjour dans cette capitale, et de notre retour en Morée.

On m'avoit invité à remplir ce vide; mais je craignois de prendre pour le vœu du public, celui d'amis trop indulgens. J'hésitai à les satisfaire, et même, avant de me déterminer à publier la suite ou plutôt le complément de mon voyage dans le Levant, je crus devoir communiquer mon journal à quelques savans géographes, pour les faire juges de l'intérêt qu'il pourroit comporter. Ils y trouvèrent des faits ignorés, et quelques idées neuves; ils pensèrent que mon travail ne seroit pas dépourvu d'utilité, et qu'il pourroit servir à compléter celui des autres voyageurs. Ces motifs me déterminèrent, et voici la marche que je suivis dans ce second volume, publié en 1811.

Je répéterai ici ce que je disois pour lors dans mon Avant-propos : « Je jette un coup d'œil sur les nombreuses îles qui s'offrent à nous, en traversant l'Archipel, et je rapporte les traits les moins connus de leur histoire.

» Parvenus aux Dardanelles, nous nous flattions de faire rapidement le trajet de l'Hellespont, et, bientôt après, d'atteindre au but de notre voyage ; mais un accident imprévu nous arrêta assez long-temps dans ce canal, pour nous permettre d'y faire quelques découvertes intéressantes.

» Nous arrivons à Constantinople, dans une circonstance où cette ville présente le tableau le plus brillant et le plus singulier. Nous y séjournons pendant la belle saison : dans ce moment le peuple turc, en paix avec ses voisins, occupé seulement de jeux et de fêtes, jouissoit sans inquiétude de toutes les délices d'un climat fortuné. Cependant, comme nous avions manqué le but de notre voyage, il falloit songer à retourner dans notre patrie ; nous profitons de l'occasion que nous offroit un vaisseau destiné à ramener en France une compagnie d'artillerie légère, qu'on avoit précédemment envoyée à Constantinople, pour instruire les Turcs dans la pratique des manœuvres françaises. Notre projet étoit de nous faire jeter sur les côtes de la Grèce, dans le voisinage d'Athènes; mais nous n'avons pu l'exécuter, et ce n'est qu'à Coron en Morée, que nous avons relâché. J'y suis resté avec un seul de mes compagnons de voyage, M. Stanislas Léveillé, ingénieur des ponts et chaussées. C'est surtout dans les contrées à demi barbares, où l'on se trouve étranger aux habitudes et au langage des habitans, qu'on doit s'estimer heureux de trouver un ami. M. Léveillé est devenu le mien; et, indépendamment des douceurs et des secours de l'amitié, j'ai trouvé en lui un artiste aimable et très-instruit, dont j'ai mis à profit les conseils et les exemples.

» Partis de Constantinople avant que la guerre, la peste, un affreux incendie et une révolution encore plus funeste, en aient rendu le séjour pénible et même dangereux, nous pouvons considérer notre voyage comme un rêve agréable, dont on retrouvera peut-être les traces dans mes descriptions; cependant cette époque n'est pas assez éloignée, pour que j'aie mis à la place de la vérité l'illusion des souvenirs. J'ai conservé la série des faits consignés dans mon journal; j'ai laissé subsister, autant que je l'ai pu, un premier jet empreint, si j'ose le dire, de la couleur même des objets. D'ailleurs, ces études faites d'après nature, ont toujours bien plus de vérité que les tableaux composés de souvenir.

» J'ai suivi le même principe, quant aux dessins que je joins à mes descriptions : tous ont été faits d'après nature, quelquefois un peu à la hâte, et pour ainsi dire à la dérobée; mais ils n'ont pas été arrangés dans l'intention de les rendre plus pittoresques. Je n'ai point cherché à les terminer, on ne m'en eût pas laissé le loisir; mais je me suis appliqué à leur conserver cette vérité qui frappe au premier aspect, et reste dans la mémoire.

» Si les objets que j'ai retracés n'ont pas, en apparence, tout le mérite de la nouveauté, qu'on ne croie pas cependant que je me sois borné à ressasser les observations des autres voyageurs. Je me suis attaché de préférence à recueillir les faits qui leur avoient échappé, ou à présenter, sous un aspect différent, ceux qu'ils avoient observés avant moi. Je devois craindre, surtout, que mes légers croquis sur Constantinople, ne se trouvassent en entier, et bien mieux exprimés dans le *Voyage pitto-resque* de M. Melling; je me suis convaincu que nous avions suivi une marche souvent opposée. Cet habile dessinateur donne des vues générales, et la plupart de mes dessins n'offrent que des aspects circonscrits. D'ail-leurs, j'étois bien loin de songer à lutter contre un tel adversaire : j'ai mieux aimé m'en faire un appui; je lui ai ouvert mes porte-feuilles, il y a puisé quelques matériaux, et, en échange, il m'a donné des renseignemens précieux, dont je me fais un devoir et un plaisir de lui témoigner ici ma reconnoissance.

» J'ai les mêmes obligations à mes compa-gnons de voyage, M. Léveillé, ingénieur en chef des ponts et chaussées, et M. Barabé, dessinateur géographe. Je dois aussi à de savans littérateurs, tels que MM. Barbié du Bocage, Visconti, et Dufourny, membres de l'Institut de France, des avis salutaires, et des communications importantes. »

Ce second volume parut en 1811 ; j'y témoignois mes regrets de quitter la Grèce, que j'allois néanmoins retrouver dans un pays où elle est, pour ainsi dire, passée tout entière, et je formois le vœu, si mes lecteurs paroissoient avoir eu quelque plaisir à me suivre dans mes excursions vers le Levant, de les entretenir peut-être un jour de cette belle Italie, dont j'avois admiré et étudié les merveilles pendant plusieurs années.

J'ai encore eu le bonheur de pouvoir réaliser ce projet ; et, l'éditeur de ce dernier ouvrage, publié en 1819, désirant faire réimprimer les *Lettres sur la Morée, l'Hellespont et Constantinople*, dont la première édition étoit épuisée, j'ai entrepris la révision de cet ouvrage, dans l'espoir de le rendre plus digne d'être offert au public.

J'y ai joint de nouvelles planches gravées d'après mes dessins, et j'ai donné plus de développement aux parties qui en étoient susceptibles. La plupart de ces augmentations portent sur des objets que j'avois d'abord supprimés, ou sur lesquels je me suis procuré de nouveaux renseignemens. Par exemple j'avois retranché entièrement le récit du conteur grec, comme étant hors de proportion avec le reste de l'ouvrage; plusieurs personnes, qui en avoient connoissance, et qui aiment apparemment les contes, ont désiré que je leur restitue ce morceau, comme offrant des traits qui caractérisent et mettent en action les mœurs du pays.

Mais l'augmentation la plus considérable porte un caractère plus sérieux et plus utile, ce sont des observations sur l'état des arts et de l'industrie dans le Levant, considérés surtout dans leurs rapports avec les procédés antiques.

Quant au surplus, je me suis borné à remettre dans leur ordre de date les Lettres qui avoient été transposées dans la première édition; enfin, j'ai achevé de remplir quelques lacunes, pour que les faits se suivent sans interruption, et qu'ils puissent se lier avec les *Lettres sur l'Italie*, qui forment la suite et le complément de mon voyage.

LETTRES

SUR LA MORÉE,

L'HELLESPONT

ET CONSTANTINOPLE.

LETTRE PREMIÈRE.

Le 24 décembre 1796.

Départ de Marseille. — Relâche dans la rade d'Hières ;
aspect du pays ; jardins plantés d'orangers. — Ancien
château d'Hières.

LE *kirlanguith* (1) turc, *le Saint-Georges*,
sur lequel nous étions embarqués, est sorti de
la rade de Marseille le 20 décembre. C'est alors

(1) Mot turc, qui signifie *hirondelle* ; c'est le nom de petits
bâtimens de l'Archipel, armés en course, qui sont légers et fins
voiliers. Celui-ci avoit à la poupe l'image sculptée de saint Georges,
en grande vénération parmi les Grecs, et même parmi les Turcs,
qui ont (dit Postel, dans ses Hist. Orient.) une infinité de saints :
l'un console les désolés, l'autre aide les voyageurs, etc. ; mais le

seulement que nous avons pu nous faire une idée de la manière d'être en mer sur un bâtiment de la marine turque ; celui-ci étoit à trois mâts, et quoique fort petit, la moitié du pont servoit de parc où l'on voyoit confondus des moutons, des chèvres, des veaux, des canards et des poules ; tout cela gênoit beaucoup la manœuvre, et s'arrangeoit assez mal du roulis du bâtiment, qui de plus étoit encombré de canons, la plupart ne servant que de parade, car ils étoient de bois ; l'on s'est même bientôt vu forcé de les descendre à fond de cale.

Notre société offroit aussi un spectacle vraiment curieux par les élémens hétérogènes dont elle se composoit : diversité de langage, de manières, de costumes, de professions ; dans certaines circonstances, chacun étant mu par un sentiment dérivé de son état particulier, et parlant l'idiome qui lui étoit propre, on se disputoit sans s'entendre ; tout le monde commandoit, personne ne vouloit obéir ; et si la Providence, et parfois la force n'étoient venues à notre secours, nous aurions renouvelé l'his-

---

plus célèbre, ajoute - t - il, est saint Georges, qu'ils nomment *Chederles*. C'étoit un grand héros, qui tua un dragon, et sauva une fille qui devoit en être dévorée. Ils se le figurent monté sur un beau cheval, courant le monde, aimant les combats, et assistant les guerriers qui l'invoquent, de quelque religion qu'ils soient.

toire de la tour de Babel. En effet, quoique le bâtiment fût turc, le capitaine, ainsi que la plus grande partie de l'équipage, étoient Grecs, et le reste se composoit d'Italiens et de Provençaux.

Nous n'avions à bord qu'un pauvre Turc, reçu par charité, qui ne se disoit pas moins de la respectable et nombreuse famille d'Ali, dont il arboroit le turban vert. Se complaisant dans sa taciturnité farouche et méprisante pour les Grecs et les Francs, avec lesquels il avoit, malgré nos prévenances, le moins de rapport possible; faisant d'ailleurs ses ablutions et ses prières avec un imperturbable sang-froid, au milieu des cris, des juremens ou des chants et des danses joyeuses de l'équipage, il ne vouloit communiquer avec personne, et se retiroit dans un coin du navire; il y fumoit tranquillement sa longue pipe du matin au soir sans autre distraction que de caresser sa barbe grise, ou de compter les gros grains de son chapelet de verre coloré.

A peine avions-nous fait quelques lieues en mer, qu'un accident, occasionné par la maladresse de notre équipage, nous a forcés de relâcher dans la rade d'Hières. Le contraste de cette côte avec celle que nous venions de quitter, est frappant : quoiqu'en hiver, depuis les bords de la mer jusqu'à la cime des montagnes, tout est revêtu de verdure : les plages, naturellement stériles, offrent de vastes salines ; plus loin, dans les terres, s'élèvent des oliviers les plus beaux de la Provence ; les coteaux sont parés de vignes plantées en allées parallèles, qui renferment d'autres cultures. Sur les montagnes il croît des pins et des chênes verts, de l'espèce qui fournit le liége ; enfin, les sommets sont tapissés de buissons résineux, auxquels on met le feu de temps en temps, afin que les troupeaux retrouvent une nourriture abondante dans les nouveaux jets qui poussent après cette opération.

Les orangers croissent ici en pleine terre ; ils sont plantés en quinconce dans des jardins uniquement destinés à ce genre de culture : on les taille avec soin, et ils sont arrosés par le moyen de canaux qui distribuent les eaux nécessaires au pied de chaque arbre. Le coup d'œil que présentent ces jardins est riche sans être beau : cette industrie symétrique fatigue, cette abondance de fruits devient à la longue fastidieuse, et l'atmosphère surtout est chargée de trop d'odeurs. Nous aurions vu avec plus de plaisir un oranger s'élever isolément au milieu d'un verger : le parfum de ses fleurs nous auroit semblé plus doux, et son fruit plus savoureux.

J'ai été chercher la nature agreste sur les hauteurs qui dominent la ville, et me suis enfoncé
dans les ruines de l'ancien château d'Hières; il
est fondé sur des rochers qui paroissent être de
marbre noir : ses tours crénelées sont d'un
beau style, et encore imposantes quoiqu'à demi
ruinées.

Les débris des monumens grecs et romains
étonnent, et inspirent une sorte de respect par
leur antiquité : la mémoire des temps passés
impose davantage à mesure que ces temps s'é-
loignent de nous. Toutefois les édifices appelés
gothiques , quoiqu'offrant des souvenirs plus
rapprochés, ont aussi leur intérêt ; ils appartiennent à notre pays ; ils ont été construits
par nos ancêtres : des traditions se sont conservées ; une foule de familles encore existantes
doivent leur origine à ces temps chevaleresques.
Ces murs sombres et abandonnés ont été jadis
le séjour de la magnificence ; ils ont retenti de
cris de guerre et d'allégresse , témoins tour à
tour de combats, de plaisirs, de siéges et de
jeux. Ces événemens ne sont pas si éloignés ni
si opposés à nos mœurs, que nous ne puissions
encore nous en former une idée assez exacte ,
tandis que les faits historiques des nations plus
anciennes nous semblent relégués dans le domaine des fictions mythologiques.

De ce point élevé l'on plane sur la ville d'Hières, bâtie en amphithéâtre sur le penchant de la montagne ; elle est entourée de vallons peuplés d'orangers et de grenadiers toujours verts. L'influence du soleil, très-chaud pour la saison, ranime déjà la campagne ; plusieurs autres espèces d'arbres bourgeonnent ; quelques arbustes fleurissent ; la violette et la jacinthe parfument les gazons : tous ces objets éloignent de nous l'idée de l'hiver que nous avons laissé en arrière, et contrastent avec les Alpes couvertes de neige, qui bordent l'horizon. Cet aspect est trop vaste, et le point de vue trop élevé pour me flatter de pouvoir le rendre.

Rade de Toulon, 26 décembre.

Le dommage qu'avoit éprouvé le bâtiment est réparé ; nous avons remis hier à la voile ; l'on a doublé les îles d'Hières, et couru quelque temps vers le sud ; mais le vent étant redevenu contraire, la mer fort grosse, et tout nous présageant une tempête, le capitaine a jugé à propos d'entrer dans la rade de Toulon.

13 janvier 1797.

Le vent du mistral, tant désiré, s'est élevé ce matin : on se dispose à appareiller, et nous allons lever l'ancre.

Je quittois la France pour long-temps peut-être ; des parens , des amis pour ne plus les revoir ; je ne devois revenir que pour jeter des fleurs , laisser couler des larmes sur leur tombe , et ne rapporter de mes voyages qu'un petit nombre d'agréables souvenirs , et une foule d'espérances déçues ; néanmoins je partois avec joie , bercé par le rêve d'un avenir heureux. Le passé et toutes les scènes de trouble , les jours de deuil et de sang dont il étoit rempli, fuyoient de ma pensée , et se perdoient dans le lointain vaporeux, dont les dernières traces s'effaçoient à l'horizon ; si les regrets du cœur me faisoient encore regarder en arrière , la brillante illusion, but de notre voyage , fixoit bientôt mes regards enchantés ; et si la France se perdoit dans les brouillards de la nuit , la Grèce m'apparoissoit étincelante de tous les feux de l'Orient.

La jeunesse aime à dévorer l'espace immense offert à sa brûlante imagination ; parce qu'elle entre dans la vie , elle croit cette carrière immense , et n'en soupçonne pas le terme ; en effet, la Providence, comme une bonne mère , nous le dissimule sans cesse , nous amuse avec quelques fleurs sur les bords du précipice qui doit nous engloutir, et nous endort du sommeil éternel au son des accords du plaisir.

Si l'on avoit la triste faculté de prévoir d'avance les contrariétés, les fatigues, les dangers qui vous attendent dans le cours de vos voyages; et si, dans un miroir fidèle et prophétique, vous aperceviez la série des événemens qui vous menacent au retour, de quelle horreur ne seriez-vous pas saisi à la vue d'un pareil spectacle; que deviendroient vos espérances et vos illusions! Bien loin de là vos jours sont tous sereins, la mer est toujours calme, le vent favovorable, les saisons obéissantes; tous les hommes sont francs, bons, hospitaliers. Vous ne quittez votre famille et vos amis que pour les retrouver pleins de vie et de prospérité; vous leur faites déjà partager en idée les jouissances dont vous allez vous enivrer ; ils n'auront pas à vous plaindre, car le malheur ne peut vous atteindre : en est-il dans l'avenir pour la jeunesse? ou si, par un retour involontaire sur la foiblesse humaine, vous consentez à faire la part de la douleur, et convenez enfin qu'il ne peut exister de bonheur sans mélange : quelques gouttes d'acide versées dans la coupe des plaisirs suffiront pour en modérer la douceur, et dans la trame dorée que les Parques vous préparent, il n'entrera qu'un petit nombre de fils obscurs destinés à faire mieux ressortir le brillant de l'étoffe.

LETTRE II.

A bord du *kirlanguith*.

Traversée. — Ile Galita. — Cap Bon, en Afrique. — Côtes
de Carthage. — Sicile. — Pantellerie. — Malte. — Gozzo,
ancienne habitation de Calypso. — Différence de climat.
— Candie. — Côte d'Europe; aspect qu'elle présente. —
Mont Taygète. — Entrée de l'Archipel. — Chasse aux
mauves; événement à cette occasion. — Cérigo. — Cap
Saint-Ange; perte d'une ancre. — Retour à Cérigo
(antique Cythère).

Nous avons perdu de vue les côtes de France;
le vaisseau marche rapidement, faisant plusieurs lieues à l'heure dans la direction du sud :
ce n'est même que par supercherie que nous
sommes parvenus à suivre cette route. Nos
ignorans conducteurs vouloient nous faire cô-
toyer l'Italie, passer entre Carybde et Scylla
qu'ils redoutent moins que la pleine mer.

Le capitaine de notre *kirlanguith* est Grec,
comme la plupart des officiers et matelots de
la marine turque. Il a deux frères ; l'un fait
l'office de maître d'équipage, et l'autre est
simple matelot; néanmoins, dans les occasions

importantes, ils prétendent tous les trois au commandement, se disputent, s'injurient, en viennent même aux coups : les matelots, ne sachant à qui obéir, embrouillent les manœuvres, et c'est ce qui a occasionné notre accident. Heureusement M. Lesseps (1), bon marin, et qui se trouve, par le caractère dont il est revêtu, avoir une sorte d'ascendant sur eux, s'est emparé du gouvernail. Il a fait consentir le capitaine, quoique après beaucoup de difficultés, à tourner le cap sur les terres d'Afrique, et cela à l'insu de son équipage, qui s'y seroit opposé. On a exécuté avec succès ce projet pendant la nuit. Le capitaine et M. Lesseps ont veillé eux-mêmes à la manœuvre faite par les matelots français et italiens que nous avions à bord, et qu'on avoit exprès désignés de quart. A la pointe du jour, les frères du capitaine et les autres Grecs, n'apercevant plus la terre, ont jeté les hauts cris, se recommandant dans leur frayeur à tous les saints de la liturgie grecque. Ils vouloient retourner à la côte : nous insistions pour continuer notre route ; chacun

_____

(1) M. Lesseps, alors attaché à l'ambassade de France à Constantinople, fut chargé de porter au gouvernement français le vœu de la Porte-Ottomane, relatif à notre mission. Il est connu par l'intéressante relation de son voyage par terre du Kamtschatka en France, où il a rapporté le journal de l'expédition du célèbre et malheureux Lapeyrouse.

soutenoit son opinion avec opiniâtreté ; cependant M. Lesseps, qui sait leur langue, après les avoir pérorés, est parvenu à rétablir le calme. Alors il s'est entouré d'instrumens d'observation et de cartes; il a pris la hauteur du soleil, opération dont la plupart des Grecs n'ont pas d'idée, et, ayant jeté le loch pour apprécier la marche du navire, il leur a promis que le surlendemain ils apercevroient l'Afrique. En effet, deux jours après, l'on a reconnu l'île *Galita* (1), et peu après, le cap *Bon* (2). A cette vue, l'équipage a fait éclater sa joie d'une manière très-bruyante.

Nous avons passé avec respect devant ces côtes jadis couvertes des flottes de Carthage. Cette mer, théâtre des combats de deux nations rivales qui se disputèrent long-temps l'empire, ne présentoit à sa surface que des troupes de pacifiques marsouins qui se jouoient autour du navire, et qu'on faisoit suivre en leur jetant quelques alimens.

Le mont Etna, dont on n'apercevoit que la cime, nous a fait remarquer la Sicile, et nous avons passé à côté de la Pantellerie (3). Cette

---

(1) C'est vraisemblablement celle que Ptolomée nomme *Calathé*.

(2) L'ancien *Hermœum*.

(3) La Pantellerie a trente milles de circuit ; elle est distante de cinquante milles du cap Bon, en Afrique, et de trente six lieues

dernière île, qui appartient à un prince de Naples, est fort élevée : des nuages couvrent, dit-on, en tout temps le sommet de ses montagnes, ce qui la rend malsaine ; néanmoins elle paroît fertile ; les coteaux sont cultivés ; l'on aperçoit çà et là des maisons dispersées, et une petite ville sur le bord de la mer; mais il n'y a pas de port.

Le 17, nous avons découvert Malte : en approchant, l'île de Gozzo semble s'en détacher. C'est là que certains interprètes d'Homère ont voulu placer la demeure de Calypso. En ce cas, il ne falloit pas moins que l'art de cette enchanteresse pour rendre ce séjour agréable : l'aspect en est aujourd'hui tout-à-fait repoussant. Gozzo ne présente qu'une suite de rochers coupés à pic, couronnés d'un château et de fortifications qui paroissent inabordables. On ne voit point d'autres habitations, ni la moindre trace de culture. Enfin, Malte se déploie tout entière; elle est également ceinte de rochers blanchâtres, mais moins élevés, formant une plate-forme

---

de Malte; elle contient trois mille habitans, tous bien aguerris, bons arbalétriers. L'île produit du bon bétail, des olives, des figues, des raisins et des capres. Le prince de la Pantellerie, de la Maison de Réquezens, la possède comme un fief de la Sicile.(*Mémoire sur le royaume de Sicile*, par M. le comte Zinzindorf.)

La position de cette île paroît répondre à celle de l'ancienne *Cossira*.

que l'industrie de ses habitans a rendue fertile. A cette latitude, le climat nous a paru différer très-sensiblement de celui de la France. Quoique nous fussions au mois de janvier, le soleil étoit incommode, et nous restions sur le pont une partie de la nuit ; plusieurs d'entre nous y ont même couché sans en être incommodés.

Le 19, nous avons découvert à notre droite l'île de Candie, qui joint presque l'Europe à l'Asie.

La traversée jusqu'à ce moment a été rapide, et nous nous félicitions d'avoir vu, dans l'espace de quelques jours, trois parties du monde, lorsque le vent a cessé tout à coup à la vue de la côte d'Europe. L'extrémité de la chaîne du Taygète (ancien *Ténare*), aujourd'hui le cap Matapan en Morée, offroit un spectacle neuf et imposant : ses montagnes étoient couvertes de neige ; l'éloignement leur donnoit une couleur si diaphane, qu'on les prenoit pour des nuages entassés, et ce n'est même qu'en approchant que nous avons pu nous assurer de la véritable nature des objets.

Nous sommes restés deux jours à l'entrée de l'Archipel, louvoyant pour y entrer, tantôt repoussés par le vent contraire, tantôt enchaînés par le calme.

Pendant cette alternative, nous avons chassé, ou plutôt pêché de gros oiseaux aquatiques, qu'on nomme *mauves* : on laissoit traîner à la surface de la mer, des lignes armées d'un fort hameçon garni d'un appât ; les mauves voltigeoient autour, et finissoient, en rasant l'eau, par engloutir l'appât et l'hameçon. Aussitôt elles s'élevoient verticalement avec rapidité, emportant la ligne qu'on avoit soin de leur lâcher ; enfin, affoiblies par la douleur et les efforts qu'elles faisoient pour se débarrasser, elles retomboient en pirouettant, toujours attachées à la ligne au moyen de laquelle on les retiroit des flots. On en a pris de cette manière qui avoient jusqu'à cinq pieds d'envergure. Les matelots se sont régalés, et nous-mêmes n'avons pas mangé sans plaisir de ce mets, dont on ne fait aucun cas dans nos ports de la Méditerranée ; peut-être ces mauves sont-elles d'une autre espèce.

A l'occasion de cette chasse, l'un de nos matelots italiens, en descendant l'échelle extérieure du bâtiment pour tâcher de saisir une mauve qu'on avoit tuée, tomba à la mer ; il ne savoit pas nager. Un Grec son camarade, bon nageur, plongea aussitôt à plusieurs reprises, et parvint à le sauver. Le pauvre Italien, que la frayeur avoit saisi, resta quelque temps sans parler ; reprenant ensuite ses sens, il se jeta à genoux devant son libérateur, lui demanda pardon à plusieurs reprises. L'on croyoit que la peur lui faisoit perdre l'esprit : alors il confessa naïvement que le jour même il avoit mangé en cachette un poisson dérobé à son camarade. Le Grec, s'étant aperçu du vol, dans sa colère avoit souhaité de voir noyer celui qui s'en étoit rendu coupable : l'Italien crut le souhait accompli lorsqu'il tomba dans l'eau ; mais s'étant repenti, dit-il, subitement dans cet instant qu'il croyoit être celui de sa mort, il avoit recommandé son âme à Dieu, qui lui avoit sans doute pardonné ; il finit en conjurant son camarade d'en faire autant en faveur de son repentir : le Grec, malin, ne put s'empêcher de rire, et lui pardonna pour cette fois seulement.

Les Grecs, familiarisés dès l'enfance avec l'élément dont ils se jouent, sont pour la plupart excellens nageurs. De l'extrémité des vergues ils se plongeoient dans la mer, à une grande profondeur, pour ramasser de l'argent qu'on y jetoit ; d'autres passoient sous la quille du bâtiment, et faisoient mille jeux aussi divertissans pour eux, qu'ils nous paroissoient dangereux.

Le 23, nous sommes enfin entrés dans l'Archipel, laissant Cérigo à notre gauche. Nous nous réjouissions, avec l'équipage, d'être entourés de ports où nous pouvions nous réfugier en cas de mauvais temps, et surtout de toucher à ces illustres plages où chaque objet réveille un souvenir. Bientôt après, le vent ayant changé, nous avons jeté l'ancre à la pointe du promontoire *Malio* ou *Saint-Ange* (1). C'étoit la première terre où nous touchions depuis notre départ de France ; nous parcourions des yeux ce pays qui, bien que sauvage, n'en avoit pas moins de charme pour des gens fatigués de la mer. L'aspect de la terre nous ranimoit : nous désirions y débarquer pour marcher sur un sol ferme et stable, pour respirer à l'ombre des arbres qui commençoient à se couvrir de feuillage, et nous désaltérer avec une eau fraîche, plaisir dont nous étions privés à bord. La crainte de la peste nous a retenus : il falloit nous informer si ce fléau n'existoit pas dans le pays.

Le capitaine et notre interprète se sont embarqués dans la chaloupe pour aller aux informations ; mais, à leur approche, plusieurs habitans qui les avoient aperçus, se sont enfuis précipitamment. Il n'y avoit point d'habitations de ce côté, et nos députés, ayant manqué leur but, sont revenus, ne rapportant de leur expédition qu'une grosse tortue qu'ils avoient surprise, un

---

(1) C'est le fameux cap *Malea* des Grecs.

bouquet de fleurs aromatiques , et quelques her-
bages et racines. On remit au lendemain à faire
une nouvelle tentative si nous restions à ce mouillage, d'ailleurs assez mauvais, comme nous nous
en sommes convaincus bientôt ; car dans le milieu de la nuit nous avons été réveillés par les
clameurs de l'équipage : le vaisseau chassoit rapidement sur son ancre , et un courant très-fort
nous portoit sur les rochers de la côte. Nous
nous sommes hâtés de monter sur le pont pour
aider à virer le cabestan : des cris plus perçans
nous ont annoncé un malheur. En effet, le
matelot frère du capitaine , par un zèle incon-
sidéré, s'étoit penché pour débrouiller le câble,
qui, lui passant tout à coup sur le corps, l'avoit
cerné, et l'écrasoit contre le plat-bord , de tout
le poids d'une grosse ancre. Aussitôt, sans ba-
lancer, on a tranché le câble à coups de hache,
et sacrifié l'ancre au salut du pauvre Grec. On
s'est éloigné à la hâte des rochers sur lesquels,
un moment plus tard, nous aurions échoué, et
ce n'est même pas sans danger que nous avons
pu, en longeant la côte, nous diriger vers
Cérigo, l'antique Cythère.

Ce nom fait naître une foule d'idées agréables ;
il rappelle les plus ingénieuses fictions de la my-
thologie grecque. Cette île fut le séjour de Vénus
et des Grâces ; elle fut le témoin des premières

jouissances du ravisseur d'Hélène, de cette beauté funeste qui fit couler tant de pleurs et de sang. En approchant, nos illusions se brisèrent en quelque sorte sur les rochers arides qui bordent cette île. Cependant les voyageurs l'ont trop dédaignée : nous y avons reconnu avec intérèt la trace des arts antiques. Les habitans, malgré leur profonde ignorance, se rappellent encore leur illustre origine. Là, ils vous montrent les bains de Vénus ou d'Hélène ; c'est une excavation où les vagues s'engouffrent : ici, le point élevé d'où la mère de l'Amour s'élançoit sur son char traîné par des moineaux ; c'est un tombeau ouvert, taillé à la sommité d'un roc. Plus loin, ils donnent le nom de la ville de Cythérée à un amas confus de débris ; enfin, des tronçons de colonnes rongées par le temps indiquent la place du temple de la déesse.

Castellan del. et sc.

Vue du port San Nicolo, Île de Cerigo (ancienne Cithère.)

LETTRE III.

Ile de Cérigo, port San-Nicolo.

Port San-Nicolo. — Eglise grecque. — Carrière antique. — Grotte ornée des talactites. — Catacombes creusées dans le roc. — Chambres sépulcrales, sarcophages, etc.

Nous sommes à l'ancre auprès d'un vaisseau vénitien et de quelques bateaux grecs. L'aspect de l'île (*Pl. I*) est aride; les maisons, dispersées sur le rivage, sont protégées par un petit fort sur lequel flotte le pavillon vénitien. Un officier de cette nation, qui y fait sa résidence, nous a très-bien reçus, a procuré des rafraîchissemens à l'équipage, nous refusant cependant, je ne sais par quelle raison, la faculté d'aller à la petite ville de Cérigo, où demeure le provéditeur. Il nous a offert en dédommagement de nous faire conduire dans le reste de l'île, et nous a donné tous les renseignemens nécessaires à la recherche des monumens antiques dont nous désirions vérifier l'existence.

Avant tout, il falloit se rendre compte des sentimens que nous avions éprouvés en approchant de cette île, et de notre désappointement lorsque

2.

nous y avons abordé ; il en est toujours ainsi des plaisirs en perspective : le point de vue doit être éloigné de l'objet, car de près il se déforme.

Nous nous attendions à voir des contrastes, des oppositions frappantes. Une plage grecque si célèbre ne pouvoit ressembler aux rivages de la France ; cependant, hors le costume des habitans, rien ne nous sembloit changé, et les pentes arides des montagnes qui hérissent Cérigo avoient beaucoup de rapport avec celles des environs de Marseille.

Ne nous en rapportons pas néanmoins au premier coup d'œil, et cherchons à tirer parti de ce qui nous entoure. J'avois déjà observé que c'est presque toujours dans les édifices auxquels on a mis moins de prétentions que l'on reconnoît le style et le goût propre d'un peuple, et non dans la recherche et la pompe des grandes compositions, qui ne sont trop souvent que le résultat de pensées étrangères : de même qu'ón ne peut juger des productions d'un pays d'après les fruits venus avec peine dans les serres chaudes.

On nous avoit prévenus défavorablement contre les Grecs, que l'on nous dépeignoit comme devant être tombés au dernier degré de dégénération intellectuelle dans ce qui a rapport surtout aux arts du dessin ; quelle a donc

Chapelle Grecque à Cerigo.

Plan du Tombeau et Pont antique à Gallipoli.

été notre surprise d'apercevoir au milieu d'un petit nombre de chaumières habitées par des pêcheurs, un monument d'une petite proportion, il est vrai, mais qui n'en est pas moins un modèle de goût et de convenances, surtout si on le compare avec le mauvais fortin construit à l'entrée du même port par les Vénitiens (1)!

C'est la chapelle dont nous donnons le plan, l'élévation et la coupe (*Planche II*). Elle offre un carré long d'environ quarante-cinq pieds sur vingt-cinq. On y entre par l'une des extrémités latérales ; la porte, en plein cintre, est décorée de colonnes ; elle est surmontée de deux petites arcades servant de clocher, couronnées d'un amortissement portant une croix. La voûte qui couvre tout l'édifice est en berceau, et construite avec autant de solidité que d'économie, sans contre-fort extérieur.

Le dedans est divisé en deux parties, la nef et le sanctuaire, séparés par un mur percé d'une arcade, de chaque côté de laquelle est un autel. Cette nef contient seize stalles en bois le long des murs.

L'autel principal se trouve au fond du sanc-

---

(1) Dans la Planche précédente, qui offre la vue générale du port de *San-Nicolo*, on peut voir la situation de ce fort. La chapelle dont il est ici question, quoique très-petite, est aussi reconnoissable.

tuaire: Le tabernacle a la forme d'un petit temple rond entouré de colonnes et fermé de draperies. Ce sanctuaire est la seule partie de l'édifice éclairée par le jour extérieur, adouci par des vitraux ; la nef, lorsque la porte est fermée, ne l'est que par les lampes et les cierges des autels, ce qui laisse les assistans dans une demi-teinte favorable au recueillement.

Cette chapelle a un autre trait de ressemblance avec les plus anciennes basiliques, je veux parler de la porte située non sur l'axe de l'édifice, ce qui paroîtroit tout naturel, mais sur l'un des côtés (1). Quelle est la cause de cette irrégularité qui nous paroîtroit choquante ? Peut-être est-ce dans la crainte, si la porte étoit en face de l'autel, que le prêtre ne fût distrait par les objets extérieurs qui seroient en opposition avec la gravité et le recueillement nécessaires en pareil lieu. C'est sans doute par la même raison, que dans la plupart des églises la porte principale est ordinairement fermée ; elle est même murée à Saint-Pierre de Rome, et ne s'ouvre qu'une fois tous les siècles, l'année du grand Jubilé.

______

(1) On en trouve en Italie plusieurs exemples : il en existe deux frappans à Fiesolè proche Florence, dans l'ancienne cathédrale, et dans la basilique de San-Alessandro, convertie en cimetière ; car la porte actuelle est moderne, et, pour la faire dans l'axe de l'édifice, on a détruit l'ancienne tribune.

En suivant les bords de la mer, nous avons remarqué, à peu de distance du fort et sur le bord de la mer, une carrière d'où sans doute ont été tirées des pierres qui ont servi à la construction de quelque ville. On distingue les places d'où les blocs ont été détachés : ils ont été taillés carrément avec une patience infinie. Quelques unes de ces pierres, à en juger par le vide qu'elles remplissoient, devoient être d'une grande dimension. Cette carrière présente un coup d'œil régulier : on la prendroit d'abord pour des restes d'anciens bains ou pour les banquettes d'un amphithéâtre. Le local avoit été bien choisi pour faciliter l'exploitation ; et, quelque immenses que fussent les matériaux, il étoit aisé de les transporter sur des radeaux à leur destination. Cette carrière paroît n'avoir servi que dans des temps très-reculés, à en juger par la couleur noirâtre du rocher et la nature du travail, qui n'a sûrement pas été exécuté par les Grecs modernes ni par les Vénitiens, dont les maisons sont construites avec les débris d'autres monumens.

Un peu plus loin se trouve une grotte formée par des stalactites : la voûte est appuyée sur une douzaine de piliers visiblement produits par l'écoulement des eaux séléniteuses ; ils sont loin de ressembler à des colonnes de cristal,

comme dans d'autres grottes (1) de la même
matière, décrites par les voyageurs : il est
vrai que celle-ci sert parfois d'asile à des
bergers et à des pêcheurs qui y apprêtent leurs
alimens.

Je me suis contenté, dans le dessin (*Pl. III*)
que j'en ai fait, d'indiquer les piliers de l'entrée, afin d'avoir plus de champ pour représenter la vue du pays circonvoisin, qui
ne donne pas une idée agréable de l'île de
Cythère.

Les habitans parlent d'un autre souterrain (2),
dont ils racontent des merveilles ; il se trouve
malheureusement du côté de l'île qui nous est
interdit.

Nous avons fait, un moment après, une découverte plus importante, c'est celle d'anciennes
catacombes, dont aucun voyageur n'a, je crois,
encore parlé ; elles sont taillées dans l'intérieur
d'un rocher de plus de cent pieds d'élévation
perpendiculaire, à la base duquel les flots
viennent se briser, et qu'ils détruisent tous les

---

(1) Les grottes de Paros et d'Antiparos. (*Voyez* Tournefort,
Choiseul-Gouffier, Miladi Craven, etc.

(2) Spon, dans son *Voyage du Levant*, parle d'un noble Vénitien, commandant à Spalatro, qui avoit été provéditeur à Cérigo,
et en avoit rapporté des colonnes qui ressembloient à du marbre
blanc transparent, et n'étoient que des stalactites tirées sans doute
de ce souterrain.

Grotte remarquable dans l'Île de Cerigo.

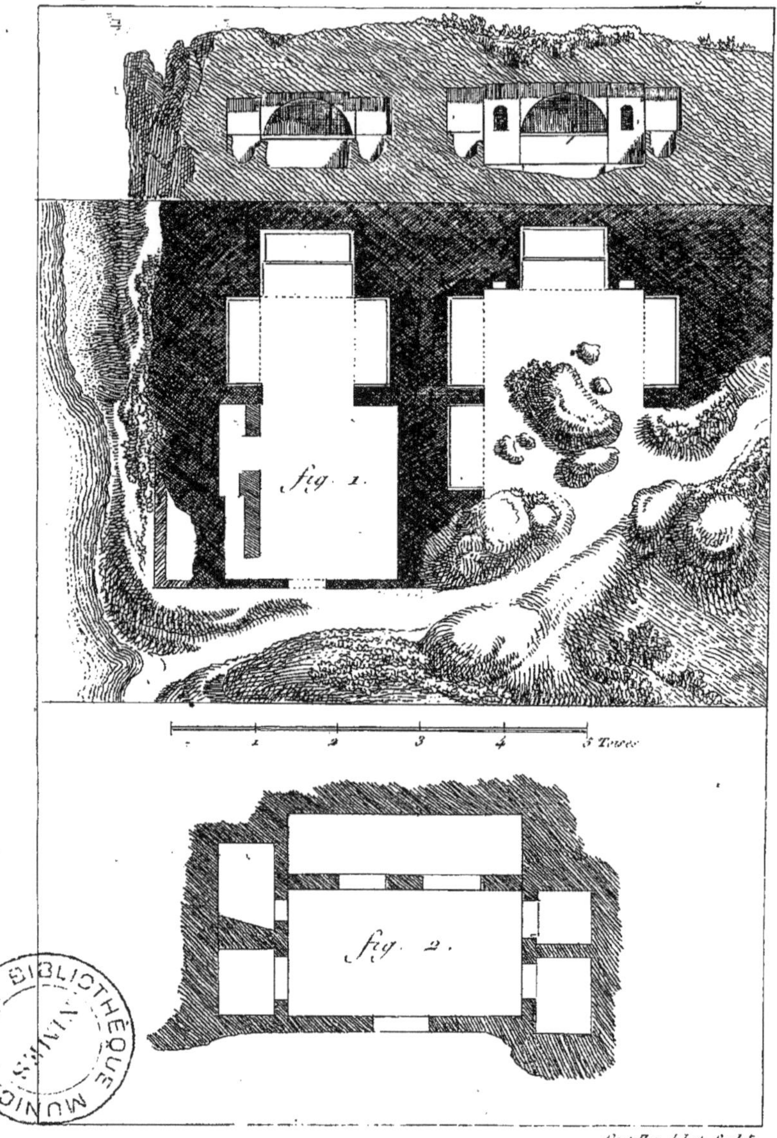

Plan et Coupe des chambres sepulchrales de Cerigo.

jours. Ce rocher forme l'extrémité d'une chaîne de montagnes, qui se prolonge dans l'intérieur de l'île vers le nord. Il est situé à peu de distance du fort de San-Nicolo, et du côté opposé il domine les ruines de l'ancienne ville de Cythère. Il a fallu tourner ce rocher pour arriver au sommet, où nous avons reconnu une grande quantité de tombeaux artistement taillés dans le roc.

L'aspect extérieur de ces monumens ne présente rien de curieux; il est difficile de deviner s'ils ont été assujétis à un plan régulier, un tremblement de terre ayant, dit-on, occasionné un affaissement qui a bouleversé le terrain. Plusieurs chambres sépulcrales de diverses grandeurs ont été fendues et séparées : on en distingue cependant les parties correspondantes. Au milieu d'une plate-forme taillée également dans le rocher, on voit une masse carrée et isolée ; elle est d'un seul morceau : la partie supérieure qui est détruite, laisse apercevoir dans l'intérieur deux places qu'on y avoit creusées à côté l'une de l'autre, pour y recevoir les corps ; en face de ce cénotaphe, une porte taillée dans le massif de la montagne, donne entrée dans une vaste salle souterraine (*Planche IV*, *fig.* 2), carrée, et entourée de cabinets que séparent des pilastres assez régulièrement espacés, les uns isolés, les autres formant une espèce de cloison. Seroit - ce un temple consacré aux divinités infernales, ou l'habitation des gardiens des tombeaux? Quoi qu'il en soit, le plan de cette excavation diffère en tout de celui des chambres sépulcrales qui se trouvent au dessus, et où nous avons pénétré en gravissant à travers des monceaux de décombres qui en embarrassent l'entrée.

Voici ce que nous avons remarqué dans celles qui sont les mieux conservées, et qui, aux dimensions près, sont presque toutes semblables entre elles. En entrant, on trouve une chambre sans aucun ornement, qui paroît n'avoir servi que de vestibule : c'est dans la salle du fond (*Pl. IV*, *fig.* 1, et *Pl. V*) que sont placés les tombeaux, ainsi disposés.

Dans la partie en face de l'entrée, et sous une arcade en plein cintre, on a creusé deux sarcophages parallèles entre eux, mais dont l'un est plus large et plus profond que l'autre de quelques pouces. Aux côtés du carré de la salle, sous des arcades pareilles, sont deux autres sarcophages, un seul de chaque côté : le tout est taillé dans le rocher. Il n'y avoit de rapporté que les dalles qui fermoient les ouvertures, et dont nous avons trouvé des débris. Ces dalles reposoient dans une rainure pratiquée à cet

Castellan del et sculpt.

Interieur de l'une des chambres sepulchrales taillées dans le rocher à Cerigo.

effet. La proportion des arcs et des autres parties
de ces chambres est régulière : le style en est sévère et d'une grande simplicité. Il n'y a ni mou-
lures ni ornement d'architecture, mais les parois
intérieures paroissent avoir été enduites d'une
couche de mastic extrêmement dur, et sur lequel
on distingue, quoiqu'avec peine, des traces d'anciennes peintures au trait en rouge et en noir.
Les ornemens ressemblent à ceux que l'on voit
sur les plus anciens vases *étrusques* ou plutôt
grecs (1); ce qui feroit remonter ces peintures
à une époque très-reculée. Nous avons ensuite
creusé le sol, et avons été arrêtés à deux pieds
de profondeur par le roc. Nous pensions d'abord
que cet exhaussement étoit formé par le sédi-
ment des eaux pluviales ; mais nous nous sommes
convaincus qu'il ne provenoit que de l'accumu-
lation de la fiente des troupeaux et des cendres
d'arbustes aromatiques qu'on y avoit brûlés ;
et même, en remuant cette terre, il s'en exha-
loit une odeur forte et assez agréable. Nous
avons trouvé quelques ossemens qui nous ont
paru n'être que des os de brebis ou d'autres animaux domestiques. Ce qui nous a confirmé dans

---

(1) Ces vases, d'un travail exquis, qu'on a faussement considérés
comme étrusques, sont pour la plupart tirés de la Sicile et des îles
de la Grèce. Les Etrusques peuvent avoir imité ces vases; mais les
Grecs en sont bien certainement les inventeurs. (*Voyez* Graves et
Paars, et la collection du chevalier Hamilton.)

l'idée que ces catacombes de Cérigo avoient servi de retraite à des bergers, c'est d'avoir vu dans la plus vaste de ces chambres, des restes de petits murs grossièrement maçonnés, et qui n'ont pu servir qu'à la distribution de ces espèces d'habitations. A côté de ces chambres, on en trouve deux autres disposées suivant le même plan, avec la seule différence que, sur les côtés de l'arcade du fond, on a pratiqué deux petites niches en hauteur, qui paroissent n'avoir pu contenir que des urnes lacrymatoires, des lampes, ou plutôt des vases cinéraires.

Il est très-remarquable que, dans ces catacombes, ou plutôt ces *hypogées* pour des tombeaux, les Grecs ont pratiqué les mêmes trous cintrés qu'on voit dans les chambres sépulcrales des familles romaines, et que les Latins appeloient *columbarium*. Ce sont des niches creusées régulièrement dans les murs; elles contenoient les vases cinéraires. Il y avoit aussi au bas de ces mêmes murs des arcades plus grandes, sous lesquelles étoient les sarcophages. La différence la plus marquante de l'hypogée de Cérigo, est le double tombeau qui existe sous la même niche. Cette réunion de deux sarcophages, leur disposition parallèle, leur différence de grandeur et de profondeur, semblent indiquer qu'ils contenoient les corps des époux, chefs de la famille, tandis que ceux qui sont situés aux côtés de la salle devoient être destinés pour les enfans. Quant aux petites niches creusées au fond de la même salle vers les angles, nous n'avons pas remarqué qu'il existât un vide intérieur, où le vase cinéraire dût être scellé comme dans les tombeaux des Romains. Ces vases, s'ils ont jamais existé, ne peuvent avoir été posés que dans le renfoncement de la niche, et non dans l'épaisseur du rocher, où nous aurions aperçu les traces de leur violation.

J'ignore quelles idées les anciens attachoient aux différentes manières d'inhumer les morts. Pourquoi certains sarcophages contenoient-ils le corps entier, et d'autres ne renfermoient-ils que l'urne cinéraire? Suivoit-on en cela les intentions du mourant? ou étoit-ce une distinction, soit personnelle, soit fondée sur quelque opinion religieuse?

Nous avons pénétré, en rampant, dans une grande quantité d'autres tombeaux : un seul nous a arrêtés; il se trouve dans la partie la plus élevée de la montagne. Le rocher en face du sarcophage a une ouverture qui semble faite exprès pour servir de cadre au plus riche tableau. Les côtes de l'île forment un amphithéâtre dont la mer occupe le fond : elle présente un vaste horizon qui renferme plusieurs îles. D'un côté nous apercevions

la petite bourgade et le port de San-Nicolo,
dont les rivages étoient animés par une troupe
de pêcheurs qui retiroient leurs filets ; de l'autre,
les ruines désertes de l'ancienne ville de Cythère
se prolongeoient sur la pente de la montagne,
depuis les tombeaux que nous venions de par-
courir, et qui étoient sans doute ceux de ses
habitans, jusque sur le bord de la mer ; enfin,
pour compléter l'intérêt de cette scène, nous
vîmes en ce moment se développer au large un
convoi de vingt voiles, qu'un vent favorable
poussoit hors l'Archipel.

Cette même montagne, taillée à pic du côté
de la mer, présente plusieurs petites ouvertures
régulières, qui font présumer qu'elle est en
entier creusée de la main des hommes. Ces ouvertures, qui appartiennent bien certainement
aux hypogées, peuvent à juste titre s'appeler
columbarium ; les Latins ne les nommoient
ainsi qu'à cause de leur ressemblance avec les
trous pratiqués dans les colombiers pour les nids
des pigeons, et ce nom leur convient, surtout
aujourd'hui qu'ils servent d'asile à de nombreuses
familles de ces oiseaux.

LETTRE IV.

Cérigo.

Ruines de la ville de Cythère.—Restes du temple de Vénus.
—Fouilles ; fragmens de statue. —Autres antiquités. —
Costume des paysannes. —Chapelle de la Panagia. —
Papas grec.

Un officier de la marine vénitienne, qui habite
depuis quelque temps à Cérigo, nous a proposé
de nous conduire dans l'endroit où sont les restes
du temple de Vénus, que les habitans nomment
le *Palais de Ménélas*. Le *Papas* ou prêtre grec
qui dessert la chapelle de San-Nicolo, étant venu
sur notre bord pour s'acquitter de quelque devoir
de religion auprès de nos matelots, s'est offert
aussi de nous accompagner, de nous servir d'interprète et de sauvegarde, étant très-respecté
dans l'île. Nous avons accepté ses offres avec
plaisir, et nous nous sommes mis en route.

Après avoir côtoyé pendant quelque temps
les bords de la mer, nous nous sommes arrêtés
à considérer les débris de l'ancienne ville de
Cythère : plusieurs tours encore debout, et des
restes de murailles en marquent l'enceinte ; la

plupart des autres édifices ont été renversés ou recouverts par les sables qu'une petite rivière amoncèle à son embouchure. Les ruines descendent depuis les catacombes jusques dans la mer : c'est là même qu'étoit la plus grande partie des constructions, dont on ne découvre que les sommités. On assure que, dans un temps parfaitement calme, la transparence des eaux laisse voir à une grande profondeur les restes d'anciens monumens.

Que de réflexions font naître ces grands bouleversemens de la nature ! Une ville engloutie, ses monumens supérieurs renversés, la montagne où ses habitans avoient creusé leur dernière demeure, fendue dans toute sa hauteur, montrant aux regards des sépulcres ouverts, et permettant aux rayons du soleil de pénétrer dans des lieux souterrains, qui n'avoient été jusques alors éclairés que par des torches funéraires !.... Tel est le spectacle que présentent les ruines de la ville de Cythère. On doit regretter qu'un événement aussi remarquable n'ait point laissé de trace dans l'histoire, et que nous ignorions les causes physiques de cette catastrophe. Est-ce un tremblement de terre qui a fendu les rocs, enseveli cette rivière sous les sables, et affaissé une ville entière sous les eaux ? ou bien est-ce la mer qui, abandonnant ailleurs ses anciens domaines,

Ruines du Temple de Venus, dites le palais de Menelas, à Cerigo.

Castillon del et Sculp.

a usurpé les rivages de cette contrée?... Je me borne à citer les faits, et ne me permettrai pas d'aborder ces grandes questions, qui sont du domaine de la science.

Nous avons quitté ces ruines pour gravir les montagnes qui dominent la ville, et où nous devions trouver celles du fameux temple. Le chemin étoit fatigant, et frayé à travers des rochers blanchâtres, sur lesquels le soleil donnoit à plomb, et dont la réverbération nous incommodoit beaucoup. Nous avons traversé plusieurs gorges profondes et resserrées, où la végétation n'est pas abondante; on n'y rencontre que des oliviers, quelques vignes, et, dans le fond, de petits champs de blé. Nous avons suivi ensuite un joli ruisseau qui tombe, en cascade, des hauteurs; il est bordé de lauriers-rose, de lentisques et de myrtes: ce sont les seules traces que cette île ait conservées des bocages fleuris qui devoient l'embellir lorsqu'elle étoit habitée par les Nymphes.

On nous a montré de loin une chapelle construite sur les restes d'un ancien monument: nous étions trop fatigués pour nous détourner de notre route, et nous comptions d'ailleurs trouver à nous en dédommager amplement. Nous sommes enfin parvenus au but de notre voyage (*Planche VI*); mais quel a été notre étonnement de n'apercevoir, dans un champ labouré, qu'un petit nombre de colonnes d'une seule pièce, rongées par le temps : leurs chapiteaux manquoient ; leur base étant enfouie, il étoit difficile de reconnoître à quel ordre d'architecture elles appartiennent, et sur quel plan ce temple avoit été construit. Il en est de même de plusieurs autres colonnes et fragmens informes, qui ont servi à la construction d'une petite ferme située, ainsi que le monument, sur la plate-forme de la montagne. Ces colonnes s'élèvent du milieu des sillons ; elles n'existeront peut-être pas long-temps : le tranchant de la charrue qu'elles embarrassent les effleure sans cesse, les sape par le pied, et l'ignorant fermier se réjouira de voir ces respectables vestiges recouverts par de nombreux épis.

Du côté le plus escarpé de la montagne, il existe une vaste chaussée qui servoit de base à l'édifice antique : on y retrouve aussi des pierres irrégulièrement placées, qui peuvent en être des débris employés à réparer les brèches par où la terre végétale, si précieuse dans cette île, auroit pu se perdre. Cette considération importante pour le laboureur, préservera cette chaussée et les fondemens du temple d'une entière destruction.

Dans cet endroit on a fait des fouilles : notre

conducteur nous a dit qu'on en avoit retiré des objets curieux, et qu'on avoit même découvert des chambres construites en marbre. L'excavation étoit en ce moment remplie d'eau : à travers cette eau nous avons cru apercevoir les fragmens d'une statue. En effet, nous sommes parvenus à retirer une figure d'un beau marbre blanc, et d'une proportion plus forte que nature, mais malheureusement très-mutilée : on n'en distinguoit que les épaules couvertes d'une draperie ; la tête, les bras et le reste du corps manquoient. Comme elle étoit d'ailleurs trop pesante pour que nous fussions tentés de l'enlever, nous l'avons laissée sur la place. Peut-être fera-t-elle naître à d'autres voyageurs, plus curieux, le désir de continuer des fouilles qui peuvent devenir intéressantes, ces tronçons de colonnes, cette statue indiquant l'existence d'un monument de quelque importance (1).

---

(1) Cet emplacement paroît être celui du temple de Vénus-Uranie, dont Pausanias fait mention (*lib. III, cap.* 23), et qui étoit le plus ancien de tous ceux qui avoient été construits en l'honneur de cette déesse, dans la Grèce. On y voyoit une statue de cette divinité, qui la représentoit tout armée. Spon et Wheler ont vu ce temple, qui est situé assez avant dans l'île ; mais ils n'en ont pas donné la description.

Les ruines qui sont sur le bord de la mer, près des catacombes, sont celles de l'ancienne ville de Cythère, qui étoit éloignée d'environ dix stades de son port, appelé *Scandée.* Ce port paroît être le même que celui de San-Nicolo, et par conséquent la petite ville

Dans le reste de l'île on peut trouver, nous a-t-on dit, d'autres antiquités ; on nous a parlé d'une ville antique, appelée, par les Grecs modernes, *Paleocora* (c'est-à-dire, *l'ancien lieu*), où il se trouve des débris de mosaïque, des médailles, des pierres gravées que les paysans vendent aux étrangers. Un Anglais qui nous avoit précédés de peu de temps, avait recueilli un grand nombre de ces objets : nous n'avons trouvé qu'une médaille grecque, assez mal conservée et de peu d'intérêt.

Notre curiosité n'a donc pas été satisfaite, ce que nous avons vu ne répondant pas à l'idée que nous nous en étions formée. Aussi n'avons-nous pas regretté de quitter ces lieux lorsque nous avons entendu un coup de canon, signal convenu pour nous rappeler à bord. Ayant distingué, avec nos lunettes, que l'équipage se disposoit à appareiller, nous sommes redescendus à la hâte par le même chemin. On s'est embarqué aussitôt ; le bâtiment a été toué hors du

---

de *Scandée* peut être représentée par le fort et le petit village qui entourent le port. (*Note communiquée par M. Barbié du Bocage, membre de l'Institut de France.*) *

* Nous n'avons pas de plan détaillé de l'île de Cérigo. M. Barbié du Bocage a bien voulu, d'après les renseignemens que je lui ai fournis, en dresser un de cette portion de l'île (*Planche VII*) ; quoiqu'il ne soit pas d'une exactitude mathématique, il indique cependant la position respective des monumens que nous avons visités, et vient à l'appui de l'opinion exprimée par ce savant géographe.

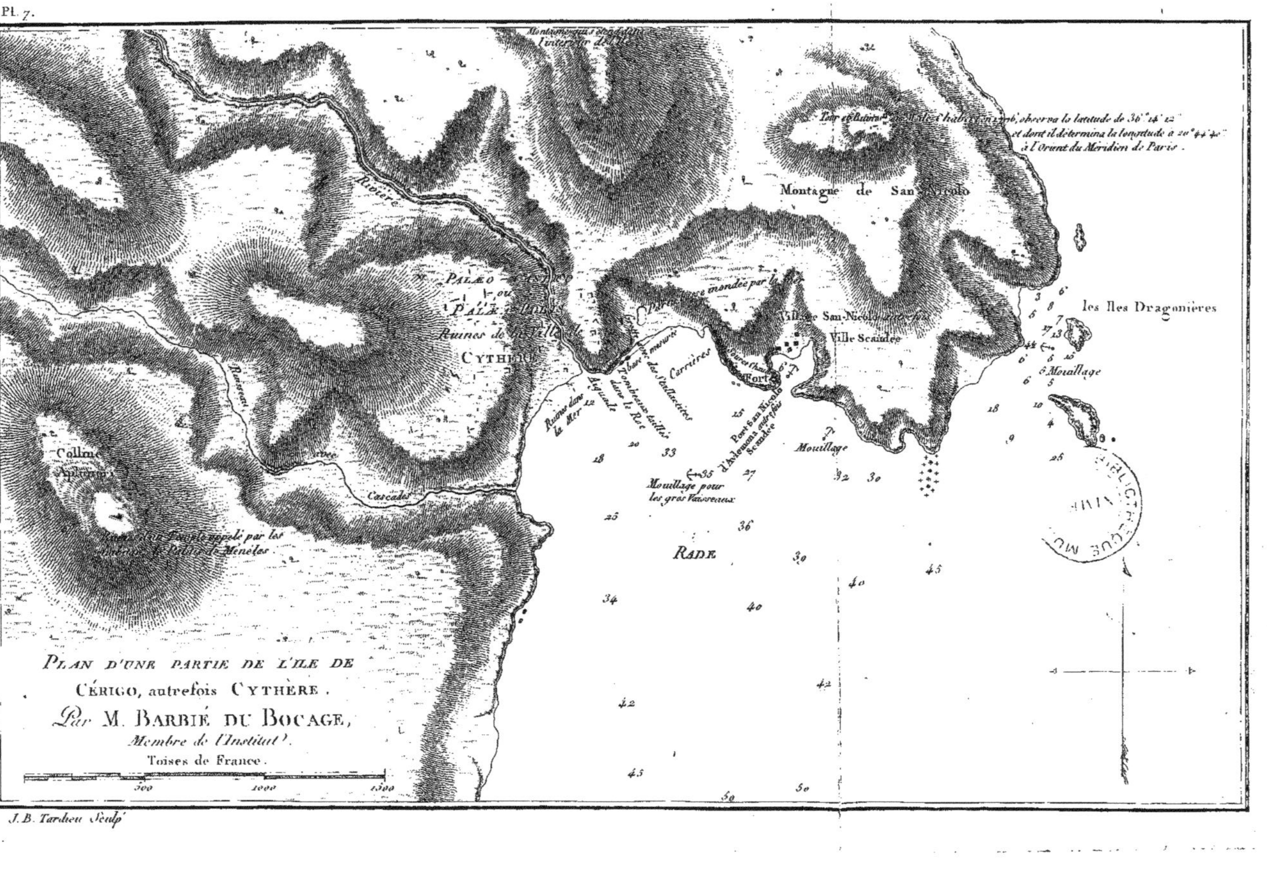
Pl. 7.
Montagnes escarpées dans l'interieur de l'Ile
Tour où l'astronome Vincent, habitant la cime, observa la latitude de 36° 14' 12"
et dont il détermina la longitude à 20° 44' 4"
à l'Orient du Méridien de Paris.
Montagne de San Nicolo
les Iles Dragonières
Riviere
PALÉO ou PALÆ
Ruines de la Ville
CYTHÈRE
Rade inondée par la Mer
Village San-Nicolo
Ville Scandée
Carrières
Tombeaux taillés dans le Roc
Port San Nicolo, autrefois Scandée
Fort
Mouillage
Aiguade
Mouillage
Mouillage pour les gros Vaisseaux
RADE
Colline
tombeau appelé par les Grecs le Palais de Ménélas
Cascade
Ruisseau
Plan d'une partie de l'Ile de
Cérigo, autrefois Cythère.
Par M. Barbié du Bocage,
Membre de l'Institut.
Toises de France.
300   1000   1300
J. B. Tardieu Sculp.

Pl. 8.

Castellan del. et Sculp.

Costume des Grecs de Cerigo.

port par des caïques de pêcheurs, et, le vent se trouvant favorable, on a mis à la voile.

J'oubliois de vous décrire le costume des paysannes de Cérigo (*Planche VIII*) ; il nous a paru remarquable, en ce qu'elles ne sont pas vêtues *à la longue* comme les autres Grecques ; elles ne portent qu'une espèce de soubreveste fort courte et ouverte par-devant. Cet habillement diffère peu de celui des hommes : la large culotte ou *caftan* descend seulement plus bas ; le voile dont elles se couvrent leur entoure la tête, et ne laisse voir que leurs yeux.

Dans mon dessin, je les suppose approchant avec respect d'une petite chapelle dédiée à la Vierge, nommée la *Panagia* (toute sainte), et venant y faire quelque offrande : des vases déjà garnis de fleurs ornent la tablette en saillie, où parfois on vient dire la messe. J'ai fait entrer dans ma composition un *Papas* ou prêtre grec, dont l'ajustement consiste en une tunique, un surtout bleu bordé d'une fourrure, et un bonnet de feutre noir. On rencontre fréquemment de ces chapelles en Grèce, sur les routes, dans les bois, et jusque sur la sommité des rochers. Elles servent de but à des pèlerinages, marquent certains événemens extraordinaires, et même miraculeux.

LETTRE V.

Napoli de Malvoisie.

Dîner turc. — Description de la ville et de la forteresse de Malvoisie. — Costume des femmes. — Visite de l'Aga.

Nous étions déjà éloignés d'une quinzaine de lieues de Cérigo et en vue de l'île de Milo (l'ancienne *Mélos*), lorsque le vent a tourné. Ayant louvoyé toute une journée sans pouvoir avancer davantage, on s'est vu forcé de mouiller dans la rade de Napoli de Malvoisie, sur la côte orientale de la Morée, et dans le voisinage de l'antique *Epidaure* (surnommé *Liméra* (1). La rade de Malvoisie est vaste, entourée de montagnes, et fermée par le rocher isolé sur lequel est bâtie la ville, dont nous étions éloignés de plusieurs milles.

______

(1) Il ne faut point confondre l'*Epidauros-Limera* des anciens, avec l'*Epidauros*, bien plus célèbre, qui étoit dans le golfe Argolique. C'est à cette dernière, que le temple fameux d'Esculape appartenoit. Il y en avoit un aussi à *Epidauros-Limera* de la Laconie; mais, loin d'être célèbre, nous ne le connoîtrions pas, si Pausanias ne nous l'avoit pas indiqué, en remarquant que l'Epidaure laconique étoit une colonie de l'Epidaure argolique.

Le lendemain matin nous avons débarqué, impatiens de visiter une ville turque.

Nous cheminions paisiblement sur la plage, lorsque nous avons vu plusieurs cavaliers richement vêtus accourir avec rapidité en brandissant leurs armes d'un air menaçant; ils étoient suivis d'esclaves à pied, également armés. Ils nous ont aussitôt entourés en poussant de grands cris. Le passager turc qui nous accompagnoit, et dont le turban vert leur a inspiré du respect, les a harangués, leur a dit qui nous étions, et leur a déclaré que nos intentions n'étoient pas hostiles. Ils nous ont alors salués d'un air plus doux, ont mis pied à terre, et se sont assis en cercle sur le sable, nous engageant à les imiter. Aussitôt les esclaves ont présenté des pipes à la ronde, en signe de raccommodement; puis on a causé quelque temps sans trop s'entendre. Ils ont ensuite remonté à cheval pour aller reconnoître le bâtiment, et nous ont laissé continuer notre route. Les habitans de Malvoisie prennent ces précautions dans la crainte d'être surpris par les Maltais.

Après environ deux heures de marche, nous sommes arrivés à la ville. Elle est située sur le penchant de la montagne, du côté opposé à la rade, et communique à la terre ferme au moyen d'un pont d'une douzaine d'arches, fondé sur une chaussée qui le met à l'abri des atteintes de la grosse mer. Cette construction hardie paroît avoir été faite par les anciens, et est digne d'eux ; mais elle a été réparée à différentes époques. Ce pont est défendu par une tour, sur la porte de laquelle se voit encore le lion de Saint-Marc, sculpté sur une table de marbre blanc, les Vénitiens et les Turcs ayant tour à tour possédé cette île. Ce chemin, le seul qui conduise à la ville, est taillé en pente douce autour du rocher. On y rencontre de distance en distance, sur le côté, des tombeaux situés comme autrefois hors des villes et sur le bord des routes.

Notre interprète n'a pas eu de peine à nous procurer l'hospitalité ; plusieurs personnes nous ont offert leurs maisons : étant entrés dans la plus apparente, nous y avons trouvé avec plaisir une estrade garnie de coussins pour nous reposer.

En attendant le dîner, l'on nous a apporté le café. Prévenus qu'il étoit fait tout différemment du nôtre, et que l'on ne pouvoit le refuser sans impolitesse, nous y avons goûté ; il étoit épais comme du chocolat, et sans sucre. Les Turcs, au lieu de broyer le grain, le pilent, et le servent avec le marc ; la qualité de ce café, à en juger par l'odeur, paroissoit bonne, mais le goût en étoit fort désagréable. L'on a distribué des pipes : il a fallu fumer ou du moins en faire semblant. La chambre n'étoit rien moins que magnifique : des coussins, des nattes, des pipes, des armes suspendues aux murs, et des vases pour différens usages, posés sur des tablettes, en formoient tout l'ameublement. Dans le fond de la salle se trouvoient des Turcs qui jouoient à une espèce de trictrac ; ils ne se sont nullement dérangés, et quoiqu'ils n'aient pas souvent l'occasion de voir des Francs, ils ne témoignoient pas beaucoup de curiosité.

On nous a bientôt apporté le dîner ; il étoit composé de petits pains sans levain, et à peine cuits ; de morceaux de poisson salé, qui nageoient dans l'huile ; de raisins et de figues sèches, enfilées en forme de chapelet. Il falloit avoir la faim qu'un exercice violent nous avoit donnée, pour trouver cela mangeable ; quant au vin, il avoit un goût d'aromates si étrange, que la plupart d'entre nous ont été obligés de se contenter d'eau pure. Nous n'en étions pas moins touchés de la bonne intention de notre hôte, et honteux de montrer du dégoût pour des mets qui, à la vérité, n'étoient pas appétissans, mais que la manière obligeante dont ils nous étoient offerts, eût dû nous faire mieux agréer. Il faut aussi observer que nous n'étions pas dans une auberge : on ne les connoît guère que dans les grandes villes, et l'on nous a assurés même que dans l'intérieur du pays, très-peu fréquenté par les voyageurs, l'ancienne hospitalité étoit observée dans toute son étendue. Nous avons cependant payé notre hôte, qui s'est offert de nous faire voir la ville et la citadelle ; il nous a menés par un chemin escarpé, à travers la ville haute, qui n'est qu'un monceau de ruines. On aperçoit partout les traces dévastatrices de la dernière guerre : les murs sont criblés de boulets et noircis par l'incendie ; les rues sont jonchées de débris de bombes. La citadelle qui couronne la cime des rochers, est en mauvais état ; quelques couleuvrines, démontées de leurs affûts et à moitié enterrées, sont remarquables par leur grandeur, et surtout par leur inutilité ; il n'y a pas, je crois, un seul canon en état de servir, et les habitans de la ville ne songent nullement aux dangers auxquels les expose leur insouciance.

En redescendant de la forteresse, nous avons rencontré deux femmes turques qui aussitôt ont pris la fuite ; elles étoient enveloppées en entier dans une grande capote de coton blanc : on ne voyoit que leurs yeux ; le reste de leur visage étoit voilé ; leurs pieds étoient chaussés de brodequins de maroquin jaune ; grandes, bien faites, elles paroissoient jeunes, à en juger par la grâce et la vivacité de leurs mouvemens.

La curiosité les portoit à se retourner à tout moment pour nous examiner, mais toujours en fuyant. Ce sont les deux seules femmes que nous ayons rencontrées dans la ville ; quelques autres cependant tâchoient de nous voir de dessus leurs terrasses et à travers leurs jalousies ; mais elles se retiroient aussitôt que nous les regardions.

De retour à notre bâtiment, nous avons eu la visite de l'Aga, gouverneur de la ville : nous nous sommes empressés de lui offrir la pipe et le café fait à la manière de France, qu'il n'a pas trouvé aussi mauvais que nous nous y attendions ; il a accepté nos cadeaux, qui consistoient en boîtes de confitures sèches, fromages, etc., et il nous a surtout demandé de l'onguent d'Europe pour les blessures. Nous avons cherché les moyens de l'amuser : on lui a montré des dessins de paysage auxquels il n'a rien compris ; mais, à la vue d'un portrait en miniature, il a témoigné son étonnement et sa satisfaction par les gestes les plus expressifs ; il vouloit absolument le garder ; il l'a rendu avec regret, et a même renvoyé son janissaire avec une bourse pour qu'on le lui vendît. Toute représentation de figures humaines étant proscrite par leur religion, il est possible que ce portrait fût le premier qu'il eût vu : on le croiroit ainsi, à en juger par la surprise et le vif désir qu'il a mon-

trés de l'avoir en sa possession. Au reste , il
nous a promis sa protection , et nous a offert
un janissaire pour nous-accompagner dans nos
promenades.

LETTRE VI.

Napoli de Malvoisie.

Coup de vent; ses effets. — Constructions antiques en polygones irréguliers. — Tour ou maison de plaisance turque fortifiée.

Nous avons été retenus pendant trois jours à bord par un coup de vent si violent, qu'il étoit impossible de mettre les chaloupes en mer. On a heureusement eu le temps de porter trois amarres à terre. Malgré cette précaution et les ancres sur lesquelles nous étions affourchés, nous avons craint d'être jetés à la côte. La tourmente étoit telle, qu'on ne pouvoit se tenir sur le pont sans danger : les vergues étoient abaissées; néanmoins le vent couchoit le bâtiment sur le côté; il soulevoit les flots à une grande hauteur, les brisoit, et l'eau éparpillée retomboit en bruine que le soleil coloroit des teintes brillantes du prisme.

Pendant la durée de ce coup de vent, les objets les plus éloignés sembloient se rapprocher; on les distinguoit de l'œil aussi nettement que si on les eût vus à travers d'une excellente lunette ; et le ciel étoit tellement dégagé de vapeurs qu'il paroissoit d'un bleu presque noir.

Cette remarque nous a conduits à parler d'un phénomène qui avoit été parmi nous le sujet d'une fréquente controverse entre les artistes et les savans.

Les derniers prétendoient, par la décomposition des rayons solaires dans le prisme, prouver qu'il résultoit du mélange des trois couleurs primitives, le bleu, le rouge et le jaune, des rayons blancs ou sans couleur.

Les peintres au contraire, par le mélange des trois couleurs les plus transparentes et les plus pures qu'ils peuvent employer, obtenoient le plus beau noir possible. On leur objectoit qu'il y avoit loin des nuances célestes et impalpables de l'iris avec nos teintes opaques et terrestres ; mais ils répondoient qu'il y avoit une plus grande différence encore entre le blanc et le noir.

Au reste, ajoutions-nous, les vapeurs suspendues à la surface de la terre doivent détériorer la couleur des rayons solaires, tout autant que la matière opaque des couleurs terrestres nuit à leur transparence ; cependant plus il y a de brume dans l'atmosphère, plus la teinte de la voûte céleste est d'un bleu clair et blanchâtre, tandis que ce bleu devient de plus en plus intense, à mesure que les vapeurs se raréfient ; et s'il n'en existoit pas du tout, le bleu se convertiroit en noir.

Or, en ce moment, le ciel étoit d'une pureté très-extraordinaire ; tous les rayons du soleil, confondus dans le vide, le traversoient sans obstacle, et la voûte céleste, d'une nuance approchant du noir, nous sembloit être d'une profondeur incommensurable.

Cet exemple nous paroissoit frappant d'analogie avec le résultat de la peinture ; mais, s'il n'a pas convaincu nos antagonistes, il a au moins servi à charmer notre loisir qui nous paroissoit déjà fort long, car pendant la durée de ce coup de vent, comme on ne pouvoit mettre une seule embarcation à la mer, nous étions prisonniers dans le navire.

Aussi, dès que la tempête a été apaisée, nous nous sommes hâtés de nous faire conduire à terre ; les flots mutinésa voient dépassé leurs limites ordinaires, ils avoient couvert la plage de débris ; les parties les plus basses étoient encore inondées, et le chemin de la ville étoit impraticable.

Je me suis enfoncé dans les montagnes, cherchant à surprendre des tortues que la chaleur faisoit sortir de leurs retraites. Cette chasse peu fatigante m'a conduit jusqu'à un plateau élevé, situé au fond de la rade, où j'ai fait la découverte de ruines (*Planche IX*) qui n'avoient pas encore été remarquées, et qui sont un des monumens les plus curieux de la haute antiquité.

Du pied du rocher sur lequel elles sont situées, on les aperçoit à peine, parce qu'elles sont entourées de débris informes, à travers lesquels ont poussé des arbustes qui les dérobent aux yeux du voyageur, et que d'ailleurs elles sont en grande partie recouvertes par des lianes et des vignes sauvages. Aussi est-il difficile de reconnoître le plan général de cette construction qui paroît cependant former un double rang de murs, dont les angles irréguliers suivent la forme de la montagne. Dans l'intérieur se trouvent plusieurs espèces de bâtimens ruinés : des restes de voûtes, des excavations qui pouvoient être des citernes, et d'autres édifices construits à des époques postérieures.

Je me suis attaché à l'examen des murs qui paroissent être ceux d'une vaste forteresse. Ils sont composés de blocs considérables de granit, dont la forme est celle d'un pentagone irrégulier, et qui sont en apparence entassés sans ordre, mais que par l'examen on reconnoît avoir été disposés d'une manière très-ingénieuse : ils sont joints parfaitement sans le se-

Castellan del et Sculp.

Constructions en Polygones irreguliers, dans la rade de Napoli de Malvoisie.

secours d'aucun mortier, et la face extérieure
en est si bien dressée et polie, qu'on peut juger que cette construction est le fruit d'une
grande patience et de longs efforts.

Ce monument semble n'avoir pu être élevé
que par des hommes d'une force extraordinaire,
on diroit presque par des géans. Son antiquité
doit remonter à une époque plus reculée que
celle de tous les monumens qui sont bâtis par
assises. Quand on pense aux forces motrices que
l'on a dû y employer, on ne peut concevoir que
les mêmes hommes, chez lesquels les arts étoient
dans l'enfance, aient pu exécuter ce travail dont
on ne pourroit même actuellement venir à bout
qu'avec des moyens mécaniques très-puissans
et bien calculés. On s'étonne que le même rai-
sonnement qui leur a fait dresser aussi régulièrement la face extérieure de ces murailles,
ne leur ait pas fait trouver plus simple de tailler
les pierres carrément, plutôt qu'en une forme
irrégulière. Est-ce un résultat de l'art ? ou plutôt ne seroit-ce pas la nature qui leur auroit
indiqué ce moyen ? En effet, plusieurs espèces
de pierres, et même le granit, en se fracassant
dans leur chute, tendent à se diviser en po-
lyèdres, sur lesquels on reconnoît le poli de la
nature : souvent même un léger vernis indique
les bornes où s'arrête la force d'agrégation

qui tient unies les parties de ces solides. Plus les élémens du granit sont homogènes et durs, plus la disposition pentagonale ou prismatique des morceaux se marque, et plus les subdivisions sont nombreuses et régulières (1). En conséquence, les premiers architectes, trouvant ces pierres toutes taillées, n'ont fait que les transporter, et guidés par le mode que leur indiquoit la Nature, ils placèrent ces pierres selon l'analogie de leurs formes, et construisirent des murs plus ou moins solides, suivant la nature des matériaux, leur volume, et le temps qu'ils pouvoient donner à ce travail; ensuite, pour perfectionner ces ouvrages et les rendre propres à remplir l'objet qu'ils se proposoient, c'est-à-dire, à leur servir de barrière insurmontable contre leurs ennemis, ils taillèrent et aplanirent les faces extérieures de ces murailles.

Il ne faut cependant pas confondre les constructions polygones avec celles, bien plus expéditives, qu'élevèrent souvent les anciens, et qui sont encore en usage de nos jours, telles que celles en pierres sèches ou en moellons, qui n'exigent d'autre attention que d'arranger ces pierres, et de remplir, avec du mortier, les vides qu'elles laissent toujours entre elles.

---

(1) Ramond, *Voyage au Mont-Perdu et dans les Pyrénées.*

Les constructions polygones de Malvoisie sont disposées avec tant d'intelligence, que non seulement tous les angles rentrans et saillans s'ajustent parfaitement, et se touchent sur tous les points sans laisser le plus léger intervalle, mais encore cet arrangement est soumis au calcul de la pondération : de manière que ces solides, s'appuyant l'un sur l'autre, s'arcboutent mutuellement, et forment une combinaison à peu près semblable à celle de nos voûtes, dont on croiroit qu'elles ont donné la première idée. En effet, chaque solide, attendu sa forme pentagonale, se trouve pressé dans tous les sens par ceux qui l'avoisinent. Il en résulte un massif dont l'ensemble est si bien lié, qu'il s'en détacheroit une ou plusieurs parties sans que la construction pût en souffrir, le centre de gravité ne répondant qu'à des lignes transversales, et non à une ligne perpendiculaire, comme dans la construction par assises parallèles. Le travail nécessaire pour aplanir un plus grand nombre d'angles de toutes dimensions, est bien compensé par la réunion de deux avantages inappréciables, la plus parfaite solidité et l'économie des matériaux.

Pourquoi donc ce mode de construction a-t-il été abandonné ? Pourquoi ne le trouve-t-on que dans les monumens de la plus haute antiquité, ou dans leurs foibles imitations, telles que l'*o-pus incertum* et les routes militaires des Romains ? Seroit-ce parce que la construction par assises parallèles est d'une plus facile exécution ? ou bien, lorsque l'architecture s'est perfectionnée, a-t-on été choqué de l'irrégularité apparente des constructions polygones, et a-t-on préféré de bâtir par assises, dût-on perdre en solidité ce qu'on gagneroit en régularité ? De là vient peut-être qu'au lieu de trouver, dans le principe de la constitution polygone, l'idée des voûtes, on a long-temps multiplié les colonnes pour soutenir les plafonds ; ce qui se remarque surtout dans les temples égyptiens, où cette multiplicité de colonnes devient choquante, et devoit même nuire au développement des cérémonies religieuses. C'est sans doute pour éviter cet inconvénient que les anciens laissoient découverts beaucoup de leurs temples. Au reste, je suis bien loin de regretter l'ancien mode de construction, du moins pour la plupart des monumens ; mais ne seroit-il pas à désirer qu'on y revînt dans certains cas où l'élégance doit être sacrifiée à la solidité, par exemple, pour les fondations, les digues, les culées de pont, les murs de soutenement, et même ceux de fortification (1) ?

______

(1) *Note communiquée par M. Barbié du Bocage, relativement*

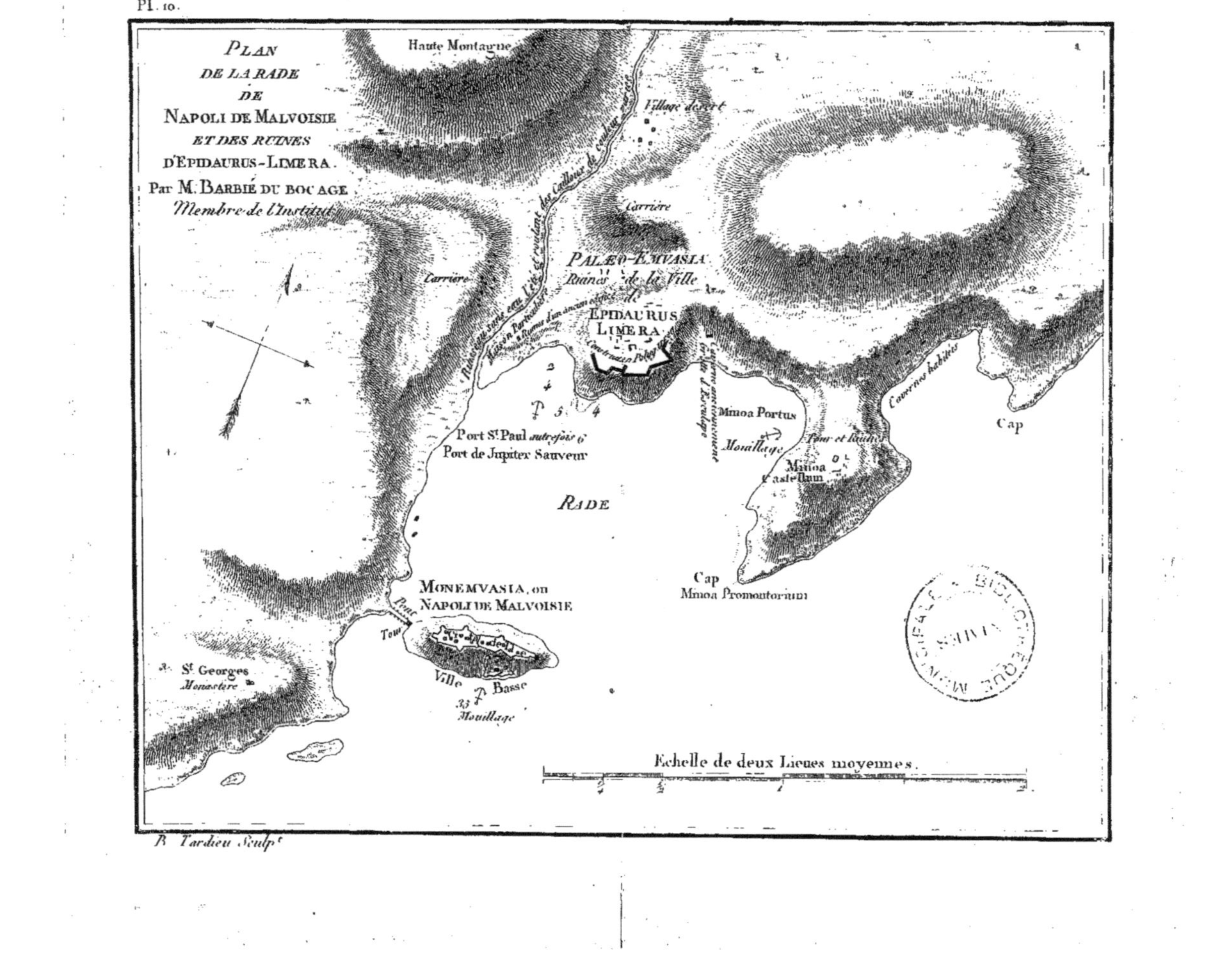
PLAN
DE LA RADE
DE
NAPOLI DE MALVOISIE
ET DES RUINES
D'EPIDAURUS-LIMERA.
Par M. BARBIÉ DU BOCAGE
Membre de l'Institut
Haute Montagne
Village desert
Carrière
Carrière
PALÆO-EMVASIA
Ruines de la Ville
EPIDAURUS LIMERA
Minoa Portus
Mouillage
Minoa Castellum
Tour et Rocher
Cavernes habités
Cap
Cap
Minoa Promontorium
Port St Paul autrefois o
Port de Jupiter Sauveur
RADE
MONEMVASIA, ou
NAPOLI DE MALVOISIE
Pont
Tour
St Georges
Monastère
Ville Basse
33 f
Mouillage
Echelle de deux Lieues moyennes.
B. Tardieu Sculp.t

Tour ou maison de Campagne fortifiée à Napoli de Malvoisie.

J'ai quitté avec peine cet endroit intéressant ; mais un vallon peu éloigné m'appeloit
sous ses ombrages frais. Il s'y trouve une maison (*Planche XI*), construite dans le goût italien, sur un tertre élevé, et entourée d'un beau
jardin. Un bosquet d'orangers et de citronniers,
plantés en quinconce·, m'offroit une promenade charmante sous des rameaux chargés de

---

aux constructions antiques, et aux lieux remarquables de la rade de
Malvoisie (Planche X).

« Je pense que la forteresse dont parle ici l'auteur, étoit la citadelle de l'ancienne ville d'*Epidaurus-Limera*, qui, au rapport de
Pausanias (*lib. III, cap.* 23), n'étoit pas éloignée de la mer, et avoit
été construite sur une élévation. Les ruines de cette forteresse, et
celles qui l'entourent, sont à peu de distance de la ville de *Malvoisie*,
et par cette raison, les habitans du pays les appellent *Palœa-
Emvasia*, *l'ancienne Malvoisie*, parce qu'ils nomment *Malvoisie*,
Emvasia. Ne connoissant pas les noms anciens de beaucoup de villes
ruinées, ils ont coutume de leur donner ceux des villes modernes,
les plus voisines, en y ajoutant le prénom de *vieux* ou *ancien*.

» Il paroit que la ville d'*Epidaurus-Limera* s'étendoit au nord de
la forteresse, dans la vallée où M. Castellan a remarqué des habitations abandonnées, et des fragmens de marbre. Si on avoit pu
fouiller dans la citadelle, il est vraisemblable qu'on y eût trouvé les
restes du temple de Minerve. Dans la ville, il y avoit aussi, suivant
Pausanias, un temple dédié à Vénus, et un autre à Esculape. Le
port devoit être à l'embouchure du torrent qui arrose la vallée, et,
en cherchant aux environs de cet endroit, on découvriroit certainement les fondations du temple de Jupiter - Sauveur, qui
donnoit son nom au port, si même on n'en retrouvoit pas
quelque débris plus considérable. La grotte de cent pieds de
profondeur, située sur le bord de la rade, me paroît représenter
celle dans laquelle se réfugia le serpent d'Esculape, lorsque les
Epidauriens de l'Argolide fondèrent cette ville. Enfin, ce qui
achève de déterminer l'identité de l'emplacement de ces ruines,
avec celui de la ville d'*Epidaurus-Limera*, c'est que le voyageur a

fleurs et de fruits : là seulement régnoit quelque symétrie ; partout ailleurs toutes les cultures étoient distribuées suivant l'exposition d'un terrain inégal ou le caprice du jardinier.

On y trouve du blé, des vignes, un verger composé d'oliviers, de figuiers, d'amandiers et de cornouillers, ainsi que des massifs de trembles et de chênes d'une espèce particulière (1), et dont le gland, plus gros que le

---

trouvé, dans le lit du torrent même, des cailloux de couleur variée, semblables à ceux que Pausanias indique aux environs de cette ville. De plus, le cap avancé en mer, vers l'orient, et sur lequel on voit une tour et des ruines, peut fort bien représenter le cap *Minoa*, qui étoit surmonté d'un château de même nom, protégeant un port appelé aussi *Minoa*.

» Jusqu'à présent on a pensé que le cap et le château de *Minoa* répondoient à l'île dans laquelle est située la ville de *Malvoisie*, parce qu'on ne connoissoit pas de cap marquant sur cette côte ; moi-même j'ai été de cette opinion ; mais, lorsque je fais attention à ce que dit Pausanias, que *Minoa est un cap près de la ville d'Epidaurus-Limera* (Ἀρχη) et non une île, je ne fais pas difficulté de changer d'avis. Le texte latin de Ptolémée dit également que *Minoa est un port et un cap.* Strabon fait mention d'un fort (φρούρεον) du même nom, comme étant voisin d'*Epidaurus-Limera.* Toutes ces autorités réunies donnent lieu de croire que le cap que M. Castellan a visité à l'orient d'*Epidaurus-Limera* est le cap *Minoa* des anciens ; que les ruines qui sont dessus, sont celles du château de *Minoa*, et que le mouillage au bas, est l'ancien port du même nom. On ne placera donc plus ce fort de *Minoa* dans l'île où est située la ville de *Napoli du Malvoisie*, parce que cette île n'a jamais pu être un cap ; qu'elle a toujours été entourée d'eau, et qu'elle n'est jointe au continent que par un pont ou une chaussée sur arcades, faits de mains d'hommes. C'est même ce qui a fait donner à la ville qui y a été construite dans le moyen âge le nom d'*Emvasia* ou *Monenvasia*, c'est-à-dire, en grec, *l'entrée* ou *qui n'a qu'une seule entrée.*

(1) Chêne houx (*Quercus coccifera*).

nôtre, est couvert d'une enveloppe épineuse.
Des cyprès élancés sembloient avoir été dispersés çà et là pour varier le coup d'œil ; enfin, le
palmier l'emportoit sur tous les autres arbres
par la hauteur et la majesté de son port. Un
canal et plusieurs réservoirs en maçonnerie
avoient été disposés de manière à arroser tout
le terrain ; mais les ruisseaux des montagnes,
que l'on ne se donne plus le soin de·diriger, se
perdent, et fournissent beaucoup moins d'eau.
Ce vaste jardin est circonscrit par des rochers
taillés à pic, couronnés de verdure, et qui en
forment naturellement l'enceinte. La maison,
qui est en assez mauvais état, avoit été construite et habitée par un Turc moins insouciant
que ceux de sa nation. Il a été envié, persécuté,
et obligé d'abandonner cette propriété.

Auprès des principales villes de la Morée, on
rencontre de ces maisons de campagne qu'on
nomme des *Tours*. Effectivement, la plupart
servent de forteresses. Je ne donne le dessin
que de celle-ci : on y remarquera surtout les escaliers extérieurs qui sont séparés de la maison,
et ne servent qu'au moyen de ponts-levis qu'on
retire la nuit. Les fenêtres sont fort élevées, et
percées du côté de la mer. Au-dessus des portes
il y a des espèces de machicoulis qui servent à
voir, sans s'exposer, les assaillans, et même à

leur nuire. Le mur qui se trouve en face du spectateur, et qui regarde la campagne, est seulement percé de petites ouvertures qui servent de meurtrières. Il y a, attenant à la maison, d'autres constructions propres à différens usages, telles qu'un four, des étables, etc., entourés d'un mur. Ces précautions sont nécessaires dans ce pays, habituellement ravagé par les guerres civiles et les brigands.

Les ruines désertes que nous renc ontrionsà chaque pas, et dont les habitans, par trop exposés, devenus pasteurs de cultivateurs qu'ils étoient, se sont retirés avec leurs troupeaux dans des cavernes où l'on n'arrive que par des chemins qu'il est facile de défendre et de rendre impraticables, nous ont prouvé la méfiance qui existe dans toute la contrée. L'examen attentif de la maison isolée qui étoit sous nos yeux, nous a montré jusqu'à quel point cette méfiance est portée, non seulement contre les étrangers, mais encore de quelles précautions ils usent entre eux.

Cette maison, de peu d'étendue (la plus grande dimension est de neuf toises), est composée de quatre grandes chambres, dont trois à cheminées, mais sans aucun dégagement ni communication entre elles. Chacune a son entrée particulière, à laquelle on aboutit, comme nous l'avons déjà observé, par des escaliers

extérieurs, détachés des murs, et sur lesquels
on abat des ponts-levis qui se relèvent au moyen
d'un contre-poids. Les habitans de ces chambres,
quoique voisins, se trouvent ainsi isolés ; et, loin
de se réunir pour la défense commune, ils semblent se méfier les uns des autres, et ne compter
que sur eux-mêmes pour leur sûreté ; tant la
terreur qui règne dans ce malheureux pays est
grande, soit qu'on doive l'attribuer à la tyrannie
des Turcs, soit qu'on en cherche la véritable
cause dans le brigandage exercé par les pirates
qui infestent le pays, ou même par ses propres
habitans.

Cette habitation n'a pas toujours été distri-
buée comme elle l'est à présent ; on retrouve
même, dans sa décoration extérieure, des traces
d'un goût plus recherché que ne le comporte
une maison de paysan. Elle a servi, nous a-t-on
dit, de lieu de plaisance à quelque riche Turc.
Nous croirions plutôt qu'elle a été construite
lorsque les Vénitiens étoient en possession de
la ville de Malvoisie et du reste de la Morée.

Quoi qu'il en soit, elle est habitée aujour-
d'hui par des villageois. Ils se sont partagé le
terrain qu'ils cultivent. Ils ont des ruches, des
troupeaux, une basse-cour bien fournie, et ils
rendroient à ce lieu tous ses charmes et ses
avantages, s'ils n'étoient pas si paresseux.

Tout près de là, nous avons reconnu des constructions antiques en assez mauvais état. Ce qu'il en reste avoit été, néanmoins, bâti avec soin en briques, et voûté. C'est avec peine qu'on peut pénétrer dans ces souterrains, qui ne nous ont offert rien de curieux. Les parties supérieures, recouvertes de terre, forment un monticule sur lequel ont crû des arbres et des arbustes. Tout auprès, se trouve une espèce de petit temple composé de six colonnes de marbre blanc, d'environ deux pieds de diamètre, encore debout, sur une base continue qui forme un parallélogramme d'environ huit pieds de large, sur quinze de longueur. L'espace renfermé par le mur paroît avoir servi postérieurement de réservoir pour les eaux; et les colonnes, disposées sur deux rangs, peuvent y avoir été posées pour soutenir un toit ou une treille. Quoi qu'il en soit, elles sont antiques, et il est probable qu'on retrouveroit, en faisant des fouilles en cet endroit, d'autres ruines dont la correspondance avec celles de la forteresse qui domine cette vallée, pourroit faire reconnoître le site d'une ville antique, qui, jusqu'à cette heure, auroit été entièrement ignorée. D'ailleurs, les rochers des environs sont percés d'une infinité d'excavations d'où l'on a tiré des pierres; et on voit même encore, à l'entrée de ces grottes, des blocs à moitié taillés.

Mes compagnons de voyage, attirés en cet endroit, s'y étoient réunis, et depuis, il est devenu le but de nos promenades. Nous appellons cette habitation notre maison de campagne ; et, moyennant quelques paras, on nous y laisse cueillir autant de citrons et d'oranges que nous le désirons. Nous y trouvons aussi du bon laitage, des fromages frais, et l'on nous y prépare une boisson agréable, composée de miel battu avec du jus d'orange mêlé d'eau. C'est, je crois, le *sorbet*, boisson favorite des Turcs.

Ailleurs, je n'aurois pas été étonné de trouver un pareil édifice, et ne l'aurois pas remarqué ; mais ici, au milieu d'un pays sauvage, presque désert, où l'on ne rencontre que rarement des traces de culture, chez un peuple nonchalant et ennemi de toute industrie, ce contraste m'a surpris et enchanté ; et je dirai avec les Orientaux : *La fleur solitaire du désert n'est-elle pas préférable à toutes celles d'un parterre ?*

LETTRE VII.

Grottes habitées par les Moraïtes nomades ; leurs mœurs
et leur costume.

Nous avons visité plusieurs grottes (*Pl. XII*),
qui se trouvent dans les montagnes escarpées
dont la côte est bordée. Elles servent d'habitation à des bergers et à leurs troupeaux, qui y
passent la nuit, et qu'ils mènent dès le matin
aux pâturages des montagnes supérieures. Ces
bergers sont tels qu'ils sont dépeints dans les
idylles de Théocrite, ou comme on les voit
représentés sur les bas-reliefs grecs. Ils ont conservé le costume antique dans sa première simplicité : la douceur du climat leur permet d'aller
presque nus : une simple chemisette de coton
(l'ancien *chiton*), qui leur tombe seulement
jusqu'au dessus du genou, assujétie autour du
corps par une ceinture grossière ou une courroie,
forme tout leur habillement. Les habitans des
montagnes plus élevées portent des peaux de
leurs agneaux, taillées de la même manière.
Dans l'été, ils mettent le poil en dehors, et
dans l'hiver, ils le tournent vers la peau. Une

Costume des Moraïtes Nomades, et leur campement d'été

toile blanche roulée autour de leur tête, les met
à l'abri de l'ardeur du soleil (1); et leur chaussure consiste en un morceau de cuir qui garantit
leurs pieds. Elle est attachée par des bandelettes,
comme l'ancien brodequin.

Les grottes où ils se retirent ne sont fermées
que par des amas de pierres, ou simplement
des haies de ronces sèches, qui suffisent pour
empêcher les troupeaux de s'échapper pendant
la nuit. L'une de ces grottes se trouve au fond
de la rade. L'ouverture, à mi-côte des rochers,
est peu apparente. Elle est habitée par plusieurs
familles de pasteurs. Ils en étoient sortis avec
leurs troupeaux, lorsque nous y avons pénétré.
Il étoit cependant resté à l'entrée, une foule
de jeunes agneaux, gardés par un chien; des
chevreaux grimpoient sur les roches les plus
escarpées, où ils broutoient des herbes aromatiques et de jeunes branches de lentisque. L'intérieur de la grotte a plus de cent pieds de profondeur. Il n'y a point de source aux environs;
mais ils y suppléent par les eaux qui filtrent à
travers le rocher, et qu'ils reçoivent dans des
vases. Nous n'avons pas pénétré dans plusieurs

---

(1) Les Grecs se couvrent ordinairement la tête d'une petite
calotte de laine rouge, autour de laquelle, pour l'assujétir, on roule
une mousseline. Cette même calotte étoit en usage chez leurs
ancêtres : on la retrouve figurée sur les vases grecs coloriés.
Voyez P. Millin, *Monumens antiques*, vol. II.

ouvertures étroites et profondes, où leurs femmes s'étoient peut-être retirées à notre approche, et nous nous sommes contentés de visiter leur mobilier, qui consistoit en nattes de feuilles de palmier et en couvertures de poils de chèvre qu'ils tissent eux-mêmes, et qui leur servent de lit. Des vases de terre pour préparer leurs alimens étoient auprès du foyer, ainsi que des vases de bois propres à recueillir le lait de leurs troupeaux, et des paniers pour leurs fromages. Nous n'avons rien dérangé, et nous nous sommes retirés après avoir contenté notre curiosité, leur laissant quelques petites monnaies turques pour les engager à la confiance ; ce qui nous a réussi : car, depuis, ils sont venus régulièrement, tous les matins, à notre bord, ont apporté du lait, des fromages, et nous ont même vendu quelques agneaux.

Cette vie indépendante a beaucoup de charme pour eux. N'ayant pas de demeure fixe, ils se mettent, par ce moyen, à l'abri des vexations des Turcs, avec lesquels ils ont peu de relations : ils ne vont à la ville que rarement, et pour se procurer, par des échanges, les objets de première nécessité. Ils ne paroissent pas se plaindre de leur misère ; élevés dans cet état, ils ne forment d'autres désirs que celui de conserver leur indépendance.

On a de la peine à se persuader qu'il existe si près du monde civilisé des êtres aussi sauvages et aussi ignorans. En sont-ils moins heureux? ils ne vivent pas tout-à-fait isolés dans leurs solitudes; ils connoissent les simples jouissances de la nature, sont entourés de leur famille, souvent très-nombreuse. La garde de leurs troupeaux; la fabrication de leurs nattes, de leurs paniers; la préparation des peaux pour leur habillement; la récolte des fruits sauvages (car ils ne cultivent rien), forment leurs occupations et leurs plaisirs. Leur vie s'écoule dans une succession de jours tranquilles, que nous trouverions peut-être monotones, mais que l'habitude leur fait préférer à une existence plus civilisée, qu'il ne tiendroit qu'à eux de se procurer.

Dans une autre promenade à travers les montagnes du fond de la rade, vers le Nord, en laissant les constructions polygones à notre gauche, nous comptions nous rapprocher des ruines de l'ancienne ville d'*Epidaurus-Limera*, que l'on marque sur les cartes dans cette direction. Mais arrivés au sommet de la montagne, au bas de laquelle étoit mouillé notre bâtiment, nous avons été surpris de revoir la mer, qui forme un vaste golfe bordé de rochers, et séparé de celui de Malvoisie par cette même montagne, qui se prolonge en cap avancé. Sur ce cap, nous avons aperçu une tour et quelques pans de mur, dont l'escarpement et les aspérités du terrain nous ont empêchés d'approcher.

Nous sommes redescendus sur les bords de la mer, que nous avons suivis quelque temps avec peine, à travers les rocs fracassés sur lesquels la houle vient se briser. Nous avons ensuite trouvé un sentier suspendu sur des précipices, et qui conduit à plusieurs grottes taillées dans le rocher. Ces cavernes, habitées comme celles de la rade de Malvoisie, sont fermées avec plus de soin par des murs en moellons percés d'ouvertures. Nous nous en sommes approchés; mais des chiens énormes, qui paroissoient prêts à nous dévorer, nous en ont défendu l'accès; et ce n'est pas sans quelque regret que nous sommes revenus sur nos pas; car nous désirions reconnoître avec plus de certitude, si ces grottes étoient l'ouvrage de la nature ou de l'art. Peut-être, en les visitant avec soin, y reconnoîtroit-on des catacombes : le voisinage de la ville antique rendroit cette conjecture vraisemblable.

LETTRE VIII.

Mœurs et usages des Turcs habitans de Malvoisie.

Après avoir parlé des mœurs simples des Moraïtes nomades, je crois devoir vous faire part de
quelques observations relatives à leurs voisins,
les habitans de la ville de Malvoisie. Ces Turcs
tiennent le milieu entre les peuples sauvages et les
nations policées : leur demi-civilisation leur a
enlevé, si je puis m'exprimer ainsi, l'écorce de
la nature, sans leur donner le poli de l'art. Ils ne
possèdent ni les vertus natives, ni les qualités
brillantes et factices qui cachent les vices. Leurs
mœurs sont un mélange d'orgueil et de bassesse,
de courage et d'apathie. Ils donnent tout à l'extérieur : on les voit se nourrir de la manière la
plus mesquine, et porter des habillemens sur-
chargés de broderies en or faux. Ils font parade
de pipes garnies d'ambre jaune, d'armes damas-
quinées en argent; et leurs enfans vont dans les
rues absolument nus. On y voit même de jeunes
filles presque sans vêtemens, quoique la jalousie
fasse renfermer les femmes avec le plus grand soin
dans des appartemens inaccessibles aux regards,

où le jour même ne péuètre qu'à travers de petites lucarnes élevées, garnies d'un treillage ou de vitraux colorés et dépolis. Leurs maisons sont intérieurement dénuées de tout ornement, des meubles les plus simples, et qui nous semblent les plus nécessaires, et elles sont peintes au dehors de riches couleurs.

Se considérant comme les maîtres du pays, ils s'arrogent sur les Moraïtes l'empire le plus absolu : leurs exactions les font redouter et haïr; aussi ne sortent-ils jamais de leurs maisons, ne fût-ce que pour se promener dans les rues, qu'ils ne soient armés d'un poignard et de plusieurs pistolets (1). Apprennent-ils que les Maltais, leurs ennemis jurés, ont opéré un débarquement, ou bien que les Magnotes ravagent le pays, ils courent au devant du danger, et combattent avec courage ou plutôt avec une fureur irréfléchie ; rentrent - ils ensuite dans leur ville, ils retombent dans un engourdissement profond; l'oisiveté et la paresse font leur bonheur. Ils passent leur vie au café, dans quelque jardin, sur le bord d'un

---

(1) « Sans défense dans leurs demeures , sans sûreté dans leurs
» voyages, les Grecs ne quittoient point les armes ; ils s'acquittoient,
» armés, des fonctions de la vie commune, à la manière des Bar-
» bares. Les Athéniens, les premiers, déposèrent les armes, et
» prirent des mœurs plus douces. » (Thucydide, liv. I.)

ruisseau, auprès d'une eau jaillissante ou tom-
bante ; ils restent là des journées entières, assis
les jambes croisées, fumant leur pipe avec len-
teur, et d'un air qu'on prendroit pour de la
réflexion ; savourant goutte à goutte le café,
leur boisson favorite, et s'amusant à compter
et recompter les grains d'une espèce de chapelet (1) de corail ou de bois de santal qu'ils
ont sans cesse entre les mains. J'en ai vu
quelquefois qui ont lassé ma patience, par leur
flegme et leur immobilité ; je les quittois, et,
revenant quelques heures après, je les retrou-
vois à la même place et dans la même attitude.
Lorsqu'ils nous voient promener de long en
large pour le seul plaisir de faire de l'exercice,
ils disent que nous sommes fous, que nous
avons l'air de nous fuir nous-mêmes, de pousser
devant nous le temps, et de le poursuivre en
quelque sorte, tandis qu'eux, beaucoup plus
sages, savourent tous les instans de leur existence, et les voient s'écouler comme le sable

---

(1) Ce chapelet, que les Musulmans nomment *tespih*, est composé de quatre-vingt-dix-neuf petites boules d'agate, de jaspe,
d'ambre, de corail ou d'autre matière précieuse : il y en a même en
perles fines. C'est sur ces chapelets que les Turcs récitent, à plusieurs reprises, les noms ou plutôt les attributs de Dieu, qui se
trouvent au nombre de quatre-vingt-dix dans l'Alcoran. Il y a cependant de ces chapelets qui ont jusqu'à cinq cents grains. (Toderini,
de la Littérature des Turcs.)

de leurs horloges, dont ils comptent les grains. Ils portent le même esprit de paresse dans les travaux qui exigeroient de l'activité. J'ai vu, chose à peine croyable, un serrurier assis sur un coussin, la pipe à la bouche, battre tout doucement le fer sur une petite enclume placée entre ses genoux.

Attribuera-t-on cette apathie au climat? C'est cependant le même qui a donné naissance à ces Grecs, le peuple le plus gai, le plus aimable, le plus actif. Et les Grecs modernes, ne les voit-on pas encore, lorsqu'ils sont rendus à eux-mêmes, qu'ils sont loin des yeux de leurs tyrans, se livrer à tout le délire de la joie? Ne cultivent-ils pas même les arts avec enthousiasme? N'ont-ils pas des poëtes, des peintres, des musiciens, à la vérité assez médiocres, mais auxquels il ne manque qu'un autre théâtre, de l'émulation et de bons maîtres pour devenir des gens à talent? Ne sont-ce pas les Grecs qui couvrent la Méditerranée de leurs flottes marchandes? Sans cesse en mouvement pour leurs intérêts, ils sont les négocians, les fabricans et les colporteurs de tout le commerce de détail du Levant. Enfin, le sentiment intérieur de leur ancienne gloire n'est pas éteint chez eux; ils se rappellent Homère : beaucoup d'entre eux le lisent, et les grands noms de leurs ancêtres les font encore tressaillir d'orgueil et de regret. Il est constant néanmoins que le caractère moral des Turcs est l'opposé de celui des Grecs. J'ai cherché en vain à expliquer d'une manière satisfaisante cette opposition qui m'a souvent frappé. Je laisse cette matière importante à discuter au moraliste et à l'observateur éclairé.

L'insouciance des Turcs a fait plus de tort aux arts que la lime du temps. Ils ne se donnent pas la peine de tailler des pierres ; ils démolissent de superbes édifices antiques, et se servent des matériaux pour construire des baraques. J'ai vu les ruines d'un temple de la plus riche architecture, des blocs de granit, des marbres précieux, couverts de bas-reliefs et d'ornemens du plus beau fini, servir à maçonner une digue grossière qui détournoit les eaux d'un ruisseau pour faire tourner les roues d'un misérable moulin en bois. Ailleurs, ce sont des colonnes de tous ordres, arrachées à divers monumens pour servir de soutien au comble d'une écurie. Ici, c'est un autel qu'on a creusé en forme de mortier, qui sert à dépouiller le grain de son enveloppe ; un tombeau antique dont on a brisé le fond, formera la margelle d'un puits, et un autre servira d'auge où les troupeaux viendront s'abreuver. L'on trouvera, enfin, dans un atelier de sculpteur, ou plutôt d'un barbare fabricant de tombeaux, des marbres dont il s'efforce d'effacer les inscriptions précieuses pour l'histoire de l'antiquité, et cela pour y substituer l'épitaphe d'un obscur descendant de Mahomet. On ne peut faire un pas sans gémir de voir dénaturer ces restes vénérables, et disparoître en un instant le témoignage de tant de siècles de gloire.

Cependant nous n'avons remarqué nulle part, et il faut rendre cette justice aux Turcs, qu'ils aient détruit pour le seul plaisir de la destruction ; ils ne font pas le mal avec connoissance de cause, mais plutôt par ignorance que de propos délibéré : enfin, ils sont moins fanatiques et intolérans qu'on ne le pense communément.

LETTRE IX.

Course dans l'intérieur du pays. — Productions naturelles.
— Habitations abandonnées. — Rencontre d'un conteur
grec. — *Melica,* histoire moraïte.

Nous venons de faire une promenade de
plusieurs lieues dans l'intérieur des terres, vers
l'ouverture des montagnes du fond de la rade.
Ayant suivi long-temps le lit d'un ruisseau qui
est à sec, nous l'avons trouvé parsemé de débris
curieux détachés de la masse des rochers qu'il
traverse, et y avons reconnu des fragmens de
granits, d'agates, de spaths colorés, de cristaux,
ainsi que plusieurs espèces de marbres qu'on
appelle *antiques*, et dont les carrières sont
perdues, tels que le jaune et le vert. Ces mêmes
marbres qui se voient en Italie, y ont été transportés de la Grèce, que les Romains ont tant
de fois dépouillée pour enrichir l'Occident (1).
Je regrette de n'avoir pas recueilli des échan-

______

(1) Pline, et beaucoup plus tard, Sidoine Apollinaire et Prudence, ont fait mention d'un marbre vert de la Laconie. A propos
des marbres antiques dont l'Italie est devenue, depuis plusieurs
siècles, la carrière unique, l'observation que je fais, que

tillons de ces marbres précieux, pour les con-fronter avec ceux que l'on conserve en Italie, et m'assurer, par leur identité, de l'existence des véritables carrières en Morée.

Nous marchions au milieu d'un pays désert sans apercevoir la moindre trace de culture ; seulement nous voyions de distance en distance des habitations abandonnées et tombant en ruines, entourées de bosquets composés d'arbres fruitiers livrés à la merci du voyageur.

Parvenus dans une vaste plaine couverte de rejetons de toute espèce qui marquent la fer-tilité du terrain, nous nous sommes dirigés vers un bois touffu que nous apercevions dans l'éloignement. Quelle a été notre surprise, de trouver en cet endroit écarté une grande quantité d'orangers et de citronniers chargés de fruits, que nos guides nous ont dit n'appartenir à personne! Nous avons cueilli avec empresse-ment quelques oranges ; elles étoient petites, la plupart rouges et extrêmement sucrées. Nous nous proposions de revenir en faire une plus ample provision, qui nous sera fort utile en mer. Au milieu de ce verger il existe une fontaine

viennent du Levant, n'est pas nouvelle mais elle confirme celle des anciens, et pourroit mettre sur la voie pour découvrir ces carrières si long-temps oubliées On peut consulter à ce sujet l'ouvrage ariophilus : *De Marmoribus*. (Voyez la note, page 52.)

de construction turque, qui fournissoit une source abondante. Autour du réservoir étoient plantés irrégulièrement d'immenses platanes, des orangers, des sycomores et des grenadiers dont les branches s'entrelaçoient en berceau au-dessus des eaux qui les réfléchissoient, et dont la surface étoit parsemée de leurs jolies fleurs. Cet endroit délicieux flattoit tous les sens à la fois, et nous jouissions paisiblement d'un doux repos, nous entretenant des causes qui avoient pu faire abandonner l'habitation construite près de là sur le penchant d'une colline couverte d'oliviers, lorsqu'un Grec, fort bien vêtu et d'une belle figure, s'est avancé vers nous. Après nous avoir salués cordialement, à la manière orientale, en portant la main à son cœur, il a étendu son manteau sur le gazon, et s'y est assis les jambes croisées.

Notre interprète l'a questionné sur le sujet de son voyage : il a répondu gaiement qu'il couroit le pays pour son plaisir et celui des autres ; poëte, conteur, musicien, il alloit de ville en ville, chantant des romances, récitant des morceaux de poésies, et faisant des contes ; et trouvoit autant de profit que d'agrément dans cette occupation.

Cette rencontre nous a rappelé nos troubadours, ainsi que les rapsodes qui parcouroient

anciennement la Grèce, et chantoient, en s'accompagnant de la lyre, les poëmes d'Homère.
Nous nous sommes assis autour de lui, nous
disposant à l'écouter en silence. Il a préludé
par quelques accords tirés d'un instrument
presque semblable à une mandoline, mais plus
petit et garni d'un manche fort long : il pin-
çoit les cordes avec un morceau d'écaille de
tortue (*Planche XIII*). Après avoir exécuté plusieurs morceaux d'une difficulté qui nous a
surpris, il a chanté, en s'accompagnant du
même instrument, plusieurs airs de différens
genres avec beaucoup de goût et d'expression ;
tantôt la modulation en étoit douce, langou-
reuse et triste ; tantôt elle devenoit gaie, vive,
emportée. Flatté des applaudissemens que nous
lui avons prodigués, il nous a proposé de nous
raconter une histoire dont les principaux événemens s'étoient passés à l'endroit où nous nous
trouvions.

L'ignorance où nous étions de la langue devoit rendre cette offre inutile pour nous ; mais
notre interprète s'est chargé de recueillir les
faits marquans de son récit, et de nous en
faire jouir en nous les traduisant à mesure. Je
serois tenté de croire que cette prétendue
histoire n'est qu'un de ces contes faits à plaisir
pour désennuyer les habitans de la ville de

Chanteur grec ambulant et Costumes des habitans de la Morée

Malvoisie. Après s'être rafraîchi, notre Grec
a commencé son récit qu'il interrompoit de
temps en temps pour laisser à l'interprète le
loisir de nous le traduire. Au reste, lorsque
nous avons su à peu près de quoi il étoit question, en suivant ses yeux, ses gestes et l'expression extraordinairement juste de sa physionomie, nous le comprenions presque entièrement, tant il étoit bon pantomime. Il a entremêlé son histoire de plusieurs romances, qu'il
a promis de nous donner par écrit. Grâce à
ce secours, et à l'excellente mémoire de notre
interprète, nous avons pu recueillir et lier les
principaux faits de la narration du lafasan, et
donner, par ce moyen, une idée de ces sortes
de compositions (1).

---

(1) Dans la première édition des *Lettres sur la Morée*, nous
avions supprimé le récit du lafasan ou conteur grec, qui se trouvoit
hors de proportion avec le reste de l'ouvrage. Ce d'est même pas
sans avoir long-temps hésité, que nous l'avons rétabli, en le dé-
pouillant néanmoins de tous ses épisodes et de la plus grande partie
des stances chantées, dont il étoit entremêlé; mais nous avons conservé avec soin tout ce qui pouvoit tendre à peindre les localités, et
à faire connoître, en les mettant en action, les mœurs et les habitudes des habitans de ces contrées.

MELICA,

HISTOIRE MORAÏTE, IMITÉE DU GREC VULGAIRE.

> La fortune est comme une échelle : vous
> montez autant d'échelons qu'il vous en faudra
> descendre; encore ne vous fiez pas à cette
> trompeuse qui, souvent, vous laisse tomber
> du faîte, et vous brise dans la chute..........
> Mais quand on se voit au comble de l'affliction,
> c'est alors qu'il faut espérer d'être consolé : le
> plus étroit du défilé est le plus proche de la
> plaine.   ELM. FEKK (*Éthique pers.*)

Les Moraïtes, habitans de l'antique Péloponèse, ont conservé quelques traces de leur
origine ; on retrouve chez eux les mœurs pastorales, et les vertus naturelles de ces Grecs pri-
mitifs, dont la civilisation n'avoit pas encore
poli les manières, éclairé l'esprit, et peut-être
corrompu le cœur.

Mais ce n'est point dans les villes, d'ailleurs
soumises au joug pesant des Turcs, qu'on doit
chercher le caractère moraïte dans toute sa pureté ; il faut s'enfoncer dans l'intérieur des
terres, en des lieux écartés des routes, entourés
de montagnes presque inaccessibles, qui servent
de barrières naturelles et de remparts à ces

agrestes vallons. C'est là où se trouvent des peuplades peu nombreuses soumises à l'autorité d'un chef, véritable père de famille ; car tous les individus qui la composent sans nulle communication avec leurs voisins, qu'ils considèrent souvent comme des ennemis, s'allient entre eux, et réunis autant par les liens du sang, que par l'intérêt commun, cette intimité toujours croissante donne à leurs mœurs une teinte patriarcale si bien empreinte dans les livres sacrés, et dont on retrouve des traces dans les poésies d'Homère, d'Hésiode et de Théocrite.

Romeco, chef de l'une de ces pleuplades, entraîné d'abord, par une âme ardente et sensible, loin de sa patrie, et après avoir parcouru l'Orient et une partie des contrées occidentales, revint dans son pays natal avec une fortune acquise sans fraude dans le commerce maritime ; il y rapporta surtout un trésor plus rare et plus précieux, des vertus et des connoissances variées qu'il vouloit rendre utiles à ses compatriotes à moitié barbares.

Il se retira non loin de la ville de Malvoisie, dans une vallée fertile mais écartée ; il défricha cet endroit sauvage où jadis s'élevoit une antique cité dont le nom même est oublié, et c'est avec les débris de monumens de marbre qu'il construisit sa modeste habitation. Les colonnes d'un temple servoient de support à ses treilles, un riche sarcophage de réservoir aux eaux d'une source, les tombeaux creusés dans le flanc des rochers lui tenoient lieu de magasins pour conserver le produit de ses récoltes. Grâces à ses travaux, les moissons de doura et de froment couvrirent bientôt le fond de la vallée ; des oliviers ombrageoient les coteaux, et l'on voyoit croître et mûrir l'amande, la pêche et l'orange aux lieux jadis couverts de buissons épineux et d'arbres infertiles.

Déjà plusieurs familles de Moraïtes avoient, quoique à regret, consenti à quitter leurs montagnes, et s'étoient établies dans le voisinage.

Romeco leur apprenoit à manier la charrue ; et, les retenant par les liens de la reconnoissance encore plus que par l'autorité, il polissoit leurs mœurs, et les civilisoit sans les corrompre. Cet homme vertueux méritoit de recueillir le fruit des bienfaits qu'il se plaisoit à répandre ; ses vœux commençoient même à se réaliser, mais cet espoir de bonheur s'évanouit bientôt comme ces feux qui s'élancent de la terre, éclairent un moment l'horizon, et retombent pour ne plus se rallumer.

Une nation du Nord, à peine policée, aiguisoit sur ses rocs glacés les traits qui devoient lui frayer le chemin de l'asservissement du Péloponèse; les Russes méditoient depuis long-temps cette conquête, et ils étoient secondés par les Vénitiens (1) qui, se rappelant d'avoir été chassés de cette contrée, vouloient encore y déchaîner le lion de Saint-Marc.

Romeco, instruit de ce projet, voyoit avec douleur que la plupart de ses compatriotes, séduits par les brillantes promesses de ces étrangers, croyoient, en s'unissant à eux, assurer par là l'indépendance de la Grèce.

Eclairé par l'expérience, il pensoit avec plus de raison qu'on ne recherchoit l'alliance de ses compatriotes que pour les asservir, et considéroit l'appât qu'on leur présentoit comme un piége.

Cependant il communiqua ses idées aux principaux habitans de sa peuplade et à ses voisins, qui consentirent tous à suivre des conseils dictés par la prudence.

Sur ces entrefaites, une flotte formidable traverse la Méditerranée; mais à peine a-t-elle atteint les côtes du Péloponèse, que les dieux semblent désavouer cette injuste agression. Une tempête effroyable se prépare, les vents re-

____

(1) Le conteur paroît confondre ici la guerre de 1770 avec les précédentes. Les Vénitiens n'entrèrent pour rien dans cette dernière guerre; d'ailleurs, il n'indique pas l'époque précise à laquelle se rapporte son récit.

poussent et dispersent les vaisseaux, les vagues leur opposent des montagnes menaçantes, et la foudre frappe la cime de leurs mâts qu'elle brise.

Le plus imprudent de ces navires échoue sur les rochers qui ceignent le Taygète ; mais les marins courageux bravent le danger, et leur industrie le sauve de la destruction. Néanmoins la mer, pour s'apaiser, demande un sacrifice : une chaloupe, où se trouvoit l'unique enfant du capitaine, devient le jouet des vagues ; et l'infortuné père, du haut de son navire, voit cette frêle embarcation se renverser sur les mariniers : il reconnoît son fils luttant contre la mort qui l'entraîne dans l'abîme.

Les secours qu'on prodigue à ces malheureux sont vains ; et, malgré l'habileté de la manœuvre et le désespoir du capitaine, le vaisseau est entraîné par les courans loin du théâtre de cette funeste catastrophe.

Alors la mer se calme, rejette et roule sur la plage les cadavres de ses victimes ; Fiorelli seul entre ses compagnons conservoit un souffle de vie ; quelques Moraïtes charitables, accourus sur la côte et témoins de ce naufrage, se hâtèrent de lui donner des secours.

Quand le jeune Vénitien rouvrit les yeux, il fut surpris et presque effrayé de se voir entouré

de gens inconnus et d'un aspect aussi agreste
qu'extraordinaire, et tels qu'on lui avoit représenté les habitans de cette contrée, que les Francs
appeloient des sauvages et des brigands ; mais,
reconnoissant dans leurs yeux la plus tendre
sollicitude et dans leurs soins l'intention de le
rendre à la vie, il tourna ses regards vers le ciel,
et, portant leurs mains réunies sur son cœur, il
chercha par ses gestes, au défaut du langage, à
leur témoigner sa gratitude.

Les Moraïtes lui prêtèrent leur appui pour
l'aider à les suivre ; ils le conduisirent vers les
rochers où étoit creusée leur habitation : c'étoit
une vaste grotte où ils reposoient la nuit entourés de leurs troupeaux. En ce moment, les
femmes préparoient leur nourriture auprès du
foyer ; mais, à l'aspect d'un étranger, elles se
hâtèrent de fuir, et s'enfoncèrent dans les réduits
les plus écartés de leur habitation souterraine.

Lorsque Fiorelli eut réchauffé ses membres
engourdis par le froid, qu'il eut changé ses vêtemens européens, qui étoient en pièces et trempés par l'eau de la mer, contre la simple tunique
grecque, on l'invita à prendre part à un repas
grossier dont la nature avoit fait tous les frais,
et que la faim assaisonnoit mieux que les épices
de l'Inde. Aussitôt après on étendit sur le sol,
près du foyer, des peaux de brebis et des nattes

de feuilles de palmier. Fiorelli prit place sur ce modeste lit, et un sommeil réparateur ferma ses paupières appesanties.

Dès le lendemain, les habitans de la caverne, familiarisés avec l'étranger, et ne le considérant plus comme tel, se livrèrent à leurs occupations journalières, auxquelles il prêta lui-même une main maladroite ; néanmoins on sourioit avec bonté à ses efforts, car c'étoit le zèle de la reconnoissance qui le faisoit agir. Il accompagnoit aussi ses hôtes à la chasse, il leur apprenoit l'art de tendre des piéges aux bêtes sauvages et carnassières, et leur enseignoit les ruses employées par les Européens ; mais il étoit forcé de reconnoître la supériorité des forces et même de l'adresse des Moraïtes dans tous ces exercices.

Une vie complètement agreste ne pouvoit plaire long-temps à un jeune homme élevé au milieu des délices et des richesses de la ville souveraine de l'Adriatique : aussi désira-t-il bientôt trouver les moyens de rejoindre son père, ce qu'il ne pouvoit exécuter qu'en se rapprochant de la partie de la Morée vers laquelle la flotte devoit se diriger.

Lorsqu'il put prononcer quelques mots dans le langage des Moraïtes, il chercha à exprimer ce désir en nommant la ville de Napoli di Malvasia. Les bons Moraïtes le comprirent, et le fils de son hôte s'offrit pour lui servir de guide. Avant de quitter cette famille, Fiorelli, pour ajouter à ses témoignages de gratitude, voulut faire accepter à son hôte une somme qu'il avoit destinée à cet usage ; mais à l'aspect de cet or, qui porte l'empreinte du lion de Saint-Marc, le Moraïte s'écarte avec un mouvement d'horreur, le courroux s'allume dans ses yeux, et rejetant avec mépris la main qui lui offre le salaire de l'hospitalité, « Nous te l'avons accordée, dit-il,

» et non pas vendue ; d'ailleurs je vois à cet or
» que tu es Vénitien ; ce sont ces tyrans des
» mers qui m'ont enlevé deux de mes enfans ;
» ils gémissent maintenant dans les fers des
» chrétiens, plus barbares cent fois que ceux
» qu'ils appellent de ce nom. Va, reprends tes
» dons ; mais, quoique notre ennemi, tu n'as
» rien à craindre, nous respectons encore en
» toi notre hôte, celui qui a partagé le pain et
» le sel avec nous. Nous ne souillerons pas l'hos-
» pitalité par une perfidie ; le ciel a permis que
» nous te sauvions de la mort, nous voulons
» t'accorder plus que la vie : la faculté de revoir
» les tiens. » Je n'en ferai usage, dit Fiorelli, que pour vous marquer ma vive reconnoissance ; mon père, moi-même, nous avons quelque crédit parmi nos compatriotes : si vos enfans existent encore, je les rendrai à votre tendresse,

ils plaideront ma propre cause, et acquitteront ma dette envers vous.

Fiorelli partit aussitôt avec son guide; il traversa la chaîne escarpée des montagnes habitées par les Magnotes, et au-delà desquelles la ville de Malvoisie est située. Partout il trouva la même hospitalité, parmi les familles errantes de bergers. Vers la fin du quatrième jour, il commença à descendre vers la plaine, et il aperçut de loin le rocher isolé qui supporte les hautes tours de Napoli. Encore trop éloigné de cette ville pour se flatter d'y arriver le même soir, son guide le conduisit vers une maison qui s'élevoit du milieu des arbres de la vallée, et où ils devoient demander l'hospitalité. Le guide prit les devants pour annoncer Fiorelli, qui continua seul sa route tracée sur les bords d'un ruisseau serpentant sous de frais ombrages.

En ce moment les derniers rayons du soleil faisoient élever et répandoient dans les airs un nuage de parfums aromatiques; les oiseaux sembloient le saluer par les plus doux ramages, et le murmure des eaux se joignoit à leurs chants.

Tout à coup une voix qui retentit dans le bocage fit oublier le chant des oiseaux et le murmure de l'onde, car elle étoit plus harmonieuse encore (1).

____

(1) Ici le lafasan chante en s'accompagnant de la mandoline.

« Les longs jours d'hiver se sont enfuis avec
» leurs tristes nuages, les traits de feu du père
» du jour éclairent et réchauffent de nouveau la
» terre.

» Déjà les insectes ailés se hâtent d'éclore et
» voltigent sur la tige des plantes couronnées
» d'une jeune verdure ; ils attendent que les
» boutons se changent en fleurs, et qu'ils ouvrent
» leur calice rempli d'une céleste ambroisie.

» L'hirondelle est revenue avec le printemps ;
» elle se joue dans le vague de l'air attiédi et
» purgé de vapeurs, elle retrouve le nid qu'elle
» avoit construit au-dessus de ma fenêtre, et
» ses cris joyeux semblent me remercier du soin
» que j'en ai pris en son absence.

» Avec elle revient son fidèle compagnon ;
» ils réparent ensemble les brèches que la saison
» des pluies a faites aux fragiles murailles de
» leur demeure, ils ramassent les touffes de
» laine que les brebis laissent suspendues aux
» buissons épineux, et disputent aux zéphirs le

Sa narration est, comme je l'ai déjà dit, entremêlée de plusieurs
morceaux de poésies, dont j'ai supprimé le plus grand nombre.
Elle est d'ailleurs accentuée dans le genre du récitatif des improvi-
sateurs italiens ; il l'interrompt aussi, comme ils le font, par
quelques accords, soit pour reprendre haleine, soit pour se donner
le temps de composer la suite de leur fable. Enfin, ce récit devient
parfois un véritable chant qu'on peut comparer au récitatif obligé,
ou à nos romances.

» coton échappé de la graine qui le contenoit.

» Ils en tapissent leur nid et en font une
» couche moelleuse où la femelle va déposer ses
» œufs ; son ami, perché sur les branches de
» l'églantier, l'amuse par son doux gazouille-
» ment ; et, s'il s'absente pour chercher sa
» pâture, bientôt il revient avec joie la partager
» avec sa compagne.

» Mais ses soins redoublent ; il voltige, va,
» revient ; les petits sont éclos : ils ont percé
» de leur bec effilé les murs lisses de leur pri-
» son ; ils secouent déjà leurs ailes couvertes de
» duvet, gazouillent à leur tour, et répondent
» à leur mère.

» Je jouissois autrefois du bonheur de ce
» couple fortuné : ce spectacle m'intéresse en-
» core, mais j'en suis émue ; leurs jeux ne me
» font plus sourire, leurs caresses portent le
» trouble dans mes sens, des soupirs m'op-
» pressent, et mes yeux se chargent de larmes
» brûlantes.

» La joie tumultueuse m'importune ; au mi-
» lieu de la danse, mes pas se ralentissent, je
» m'arrête distraite, rêveuse ; je suis heureuse
» cependant : pourquoi donc pleurer ? le sais-je ? »

Fiorelli surpris s'arrête ; lui-même il soupire
tout bas, et à peine ose-t-il se mouvoir craignant
de perdre un seul de ces sons harmonieux ; quoi-

qu'il ne comprenne pas le langage de l'enchanteresse, il devine que c'est celui du sentiment, peut-être même celui de l'amour.

Il avance avec précaution, cherche à écarter sans bruit les branches flexibles du laurier-rose; mais à peine a-t-il eu le temps d'apercevoir une figure angélique, qu'un voile importun la lui dérobe, et la jeune fille, plus prompte et aussi légère que la timide gazelle, fuit épouvantée.

Fiorelli la suit des yeux, il s'avance vers l'habitation où elle est entrée, et qui est celle où il devoit recevoir l'hospitalité dont il a fait un si touchant essai; mais il étoit loin de prévoir que cette démarche devoit semer sur le chemin de sa vie quelques roses et une moisson de soucis.

Un vieillard d'un noble aspect, marchant d'un pas assuré, s'avance vers lui et le salue avec l'expression de la bonté; Fiorelli, encore ému de sentimens divers, oubliant qu'il est loin de sa patrie, en parle l'idiome; il est aussi surpris que charmé d'entendre le Moraïte lui répondre dans le même langage; alors, pour écarter les soupçons que son costume déguisé pouvoit faire naître, il se hâte de raconter les détails de son naufrage, la manière dont il a été sauvé et accueilli par les habitans des côtes; il cache cependant qu'il faisoit partie de l'expédition dirigée contre le Péloponèse.

Le vertueux Romeco, car c'étoit ce chef, connoissoit déjà les malheurs de Fiorelli par le récit du guide Moraïte ; l'extérieur du jeune étranger le prévint favorablement ; il lui prodigua les consolations de l'amitié, et lui offrit un asile, jusqu'à ce qu'il pût trouver les moyens de retourner dans sa patrie.

Ils entrent dans la maison ; Romeco appelle sa fille ; elle se présente avec la contenance la plus modeste ; son voile cachoit en partie sa figure, mais ne pouvoit dérober les grâces de son maintien et la souplesse de ses mouvemens. Elle reconnoît aussitôt le jeune indiscret qui l'avoit surprise dans le bocage, et qu'elle avoit fui moins par un mouvement de crainte que par un sentiment de pudeur ; elle rougit, baisse ses longues paupières ; et si la curiosité l'invite encore à lever les yeux, les regards caressans de Fiorelli la forcent de détourner de nouveau les siens en rougissant davantage.

Son père lui ordonne de tout préparer pour recevoir et fêter son hôte, son ami, car il est celui de tous les malheureux ; la jeune fille se retire emportant dans son cœur une foule de sensations et d'idées nouvelles qu'elle n'ose approfondir.

Melica avoit vu quatorze fois le bosquet se couvrir de feuillage et de fleurs moins fraîches qu'elle. Le printemps l'avoit vue jusqu'alors rire et folâtrer avec ses compagnes ; maintenant les promenades mélancoliques avoient remplacé les jeux ; des soupirs vagues avoient succédé aux éclats de la joie, et des désirs inquiets l'agitoient sans cesse.

L'arrivée de Fiorelli mit le comble à son trouble, et fixa ses vœux ; l'Amour, de sa flèche la plus acérée, la blessa pour la vie, et du même trait il atteignit le bel étranger. Melica se trouve-t-elle en sa présence, sa contenance est timide, embarrassée, ses yeux sont le plus souvent baissés, ou se détournent pour échapper aux regards de son amant. Parle-t-il, le son de sa voix fait palpiter son sein, colore ses joues ; approche-t-il, elle brûle et frémit ; s'il s'éloigne, un poids de glace semble peser sur son cœur, et communiquer à ses membres un subit engourdissement ; des larmes roulent sous ses paupières, ses idées errent sans but fixe, ses regards sont incertains, elle parle sans penser, se tait par distraction, se livre à une rêverie profonde qui a pourtant des charmes, et les pleurs qui ruissellent involontairement sur ses joues, sont le seul remède à l'ardeur qui la consume.

Cependant Fiorelli n'est pas plus tranquille. Les attraits de la jeune Grecque s'offrent sans cesse à sa pensée, et portent le trouble dans ses sens. Il envie le bonheur de cette ceinture qui renferme et qui presse les contours de sa taille souple et légère, du zéphyr qui fait voltiger les larges plis de sa tunique, et se joue à travers la gaze de son voile et les boucles de ses cheveux. Sa mémoire fidèle lui retrace jusque dans ses songes les contours gracieux de son visage, et ce profil dont les lignes simples et harmonieuses semblent avoir été devinées par l'artiste grec qui a le mieux représenté la déesse de la beauté.

Avez-vous jamais aperçu des jeunes filles, les bras entrelacés, courir au sommet d'un coteau dont les rayons du soleil couchant rasent la cime? Ne les prendriez-vous pas pour les ombres aériennes qu'une ardente imagination se peint dans son délire? Leurs pieds semblent détachés du sol, leurs vêtemens lumineux et transparens voilent à peine leurs formes délicates qui se dessinent sous ces légers tissus, comme le disque de l'astre du jour à travers les vapeurs.

Fiorelli avoit joui de ce coup d'œil enchanteur, pendant que Melica et ses compagnes folâtroient le soir sur les hauteurs qui dominent la vallée; mais un spectacle plus délicieux encore mit le comble au trouble de ses sens.

Il étoit midi; la jeune Grecque, fuyant l'ardeur de cette heure brûlante, avoit tourné ses

pas vers le fond du bocage, et suivant le ruisseau qui y prend sa source, elle étoit arrivée
sous un berceau touffu, formé par l'entrelace-
ment des branches de sycomores et de platanes.

Assise sur un rocher tapissé de mousse, et qui
s'avançoit dans le lit du ruisseau, elle étoit entourée de nappes argentées qui venoient mur-
murer à ses pieds. Immobile, on l'auroit prise
pour la nymphe des eaux du bocage ; elle en
avoit la beauté, la fraîcheur et les grâces.

Fiorelli, guidé par sa rêverie dans ce lieu
écarté, avoit aperçu Melica ; surpris, enchanté,
il l'avoit vue s'asseoir sous le feuillage qui,
retombant en panaches au dessus de sa tête,
ombrageoit la cascade, et sembloit devoir
écarter de ce sanctuaire tout coup d'œil indiscret.
Elle se croyoit bien seule dans cette solitude ;
toutefois elle regarde autour d'elle, écoute
si aucun autre bruit que le gazouillement des
oiseaux et le murmure des ondes ne se fait
entendre ; alors, détachant les bandelettes qui
retenoient sa chaussure, serrant avec précaution
son léger vêtement autour de ses genoux, elle
confie au ruisseau ses pieds délicats, dont la
transparence des eaux laisse apercevoir l'éclatante blancheur.

Cependant la timide Melica abandonne l'onde,
et se retire. A peine a-t-elle quitté cette place,

que Fiorelli accourt, s'incline vers la source ; pour calmer les feux dont ce spectacle vient d'embraser ses sens ; il boit à longs traits de cette eau, si fraîche et si limpide, mais elle lui communique une nouvelle chaleur : car elle semble avoir retenu l'image enchanteresse dont son imagination est frappée.

Habitant sous le même toit, partageant les mêmes occupations, se voyant à toute heure sans obstacle comme sans méfiance, Melica et Fiorelli pouvoient-ils résister à l'ascendant qui les entraînoit l'un vers l'autre ? Aussi, sans croire se chercher, se retrouvoient-ils sans cesse. Le lieu qu'ils chérissoient le plus étoit celui de leur première entrevue ; chaque matin, Melica venoit s'asseoir à l'ombre mobile des palmiers, auprès du ruisseau bordé de lauriers-rose : là, elle s'abandonnoit à ses douces rêveries, ou bien elle répétoit d'une voix incertaine les mêmes airs qui avoient attiré son amant, et qui le faisoient accourir de nouveau.

En cet endroit, qu'il considéroit comme un asile sacré, Fiorelli avoit parsemé le gazon des plus jolies fleurs ; il l'avoit entouré des plus beaux arbustes ; le noisetier, l'arbousier et le grenadier entrelaçoient leurs branches, et rendoient ce lieu impénétrable aux regards des curieux et aux incursions des bestiaux.

C'est là qu'ils passoient les plus doux momens de leur existence ; les heures s'écouloient dans les plus agréables entretiens : car au langage expressif des yeux et de la pantomime, avoit succédé l'étude des idiomes qui leur étoient propres, et dont ils s'étoient mutuellement donné des leçons.

Fiorelli récitoit et expliquoit à la jeune Grecque les strophes amoureuses du Tasse et de l'Arioste ; elle-même chantoit ensuite les stances d'Hafitz (1) et les romances grecques les plus touchantes. Un doux badinage succédoit à cette occupation : une tresse des longs cheveux de Melica se détachoit-elle, son amant offroit de la tresser de nouveau ; il savoit mêler avec art des fleurs à sa coiffure, il savoit disposer d'une manière nouvelle les plis de son voile ; mais ce n'étoit qu'un prétexte pour toucher à ses cheveux, à ses vêtemens, à sa personne ; ce n'étoit qu'une feinte pour s'approcher plus près d'elle, pour respirer son haleine embaumée. Souvent, pour prix de ses attentions, de son empressement, de ses leçons, il demandoit un baiser, qu'on lui disputoit d'abord pour en laisser prendre plusieurs ; leurs vœux innocens s'étoient bornés jusqu'alors à ces légères faveurs, quand

____

(1) Hafitz, poëte persan, qui a chanté les Roses, etc.

un événement imprévu mit le comble à leur amour, à leur imprudence, et commença les jours de leurs malheurs. Ils présidoient souvent aux travaux et aux amusemens des bons Moraïtes. Le soir, lorsque la mer enchaînée par le calme, ne présentoit qu'une surface unie et limpide, une foule de pêcheurs se dispersoit sur les côtes. Armés d'un trident, et à la lueur des flambeaux formés de branches résineuses du lentisque, ils entroient en silence dans les eaux de la mer ; le poisson, attiré par la clarté factice, sortoit de ses retraites : alors les pêcheurs pouvoient le suivre des yeux jusque dans les enfoncemens des rochers ; là, resserré, et ne pouvant s'échapper, il étoit percé du trident.

Le jeune Vénitien assistoit à cette pêche ; parfois embarqué avec Melica, dans une légère caïque, il s'écartoit à dessein de la terre et des pêcheurs ; dans le silence de la nuit, seul avec son amante, il la rassuroit par ses caresses, lui déguisoit tous les dangers de sa situation, dangers dont elle ne connoissoit même pas encore le plus redoutable : car elle se livroit avec une confiance virginale aux transports de son amant.

Cependant un soir la caïque avoit été entraînée par les courans, et à leur insu, assez loin de la côte ; le vent, d'abord léger, commençoit à rider la surface de la mer ; quelques nuages

passoient rapidement sur le disque de la lune,
et sembloient, en les plongeant dans l'obscurité,
leur présager un malheur.

Les vents fraîchissoient, et le balancement
précipité de la nacelle fit sortir le couple amou-
reux de sa sécurité, et mit fin à leurs transports. Fiorelli jette un regard surpris autour de
lui, il n'aperçoit plus la terre qu'à une grande
distance, et remarque au loin les vagues blan-
chies d'écume qui semblent les menacer.

Il saisit les avirons, espérant être encore à
temps de se rapprocher du bord qu'ils ont im-
prudemment quitté ; encouragé par sa maîtresse, il rame avec ardeur ; mais le courant devenu insurmontable, le porte avec rapidité vers
des roches escarpées et menaçantes ; il reconnoît
alors que ses efforts sont vains ; la terreur de
Melica paralyse ses facultés, glace son courage,
il s'abandonne au désespoir : en ce moment, la
nacelle heurte sur les brisans, elle s'ouvre et
s'enfonce.....

Le malheureux Fiorelli embrasse son amante
que l'effroi avoit privé de ses sens ; il est englouti
avec elle. Cependant il ne la quitte point ; d'un
bras vigoureux il la soutient au dessus des flots,
et nageant avec rapidité de l'autre bras, il fend
les vagues et se dirige vers la terre , qu'un rayon
secourable de la lune lui a fait apercevoir.

Enfin, il touche le fond, il parvient à gravir l'escarpement de la plage; et à peine y a-t-il déposé son précieux fardeau loin du danger, qu'il tombe lui-même anéanti. Melica ne donnoit aucuns signes de vie; il ranime ses propres forces pour la serrer contre son sein, pour la réchauffer de son haleine; il interroge les battemens de son cœur, et sent avec transport qu'il palpite encore, quoique bien foiblement. Il redouble de soins, de caresses : Melica ouvre les yeux, elle reconnoît son amant, le serre contre sa poitrine; sa bouche répond à la sienne, et semble le remercier.

Mais apercevant aussitôt le désordre de ses vêtemens imprégnés d'eau, et qui couvrent ses attraits sans les cacher, elle le repousse avec douceur, cherche à s'envelopper de son voile, se soulève avec peine, et propose à Fiorelli de regagner leur habitation. Appuyée sur lui, elle marche difficilement; l'obscurité est si profonde, qu'ils désespèrent de pouvoir reconnoître leur route : ils ne savent pas même à quelle distance ils se trouvent de la vallée, et quelle est la direction qu'ils doivent suivre pour y arriver.

Aucun sentier ne se présente; des roches aiguës retardent leur marche, et les ronces embarrassent leurs pas; un peu plus loin, ils sont arrêtés par un rocher escarpé, qui leur offre une grotte; elle peut leur servir d'abri. Accablés de fatigue, ils s'y arrêtent; un moment de repos leur étoit indispensable. Fiorelli ramasse aux environs, des feuillages dont il fait une couche pour son amante; il trouve quelques fruits sauvages que la main de la Providence semble lui présenter, et une source est là pour les désaltérer.

Ce léger repas les rend à la vie, mais, hélas! à tous les désirs de l'amour. Comment Melica pouvoit-elle résister à son bien-aimé! elle lui devoit l'existence..... Un doux et paisible sommeil leur ôta bientôt toute réflexion comme tout remords.

A peine l'aurore éclaire-t-elle l'entrée de cette grotte, asile des plaisirs, que les oiseaux, par leurs concerts, semblent célébrer la victoire de l'amour et le réveil du couple fortuné; quelques larmes brillèrent dans les yeux de Melica, au souvenir de sa défaite, les baisers de son amant les séchèrent : elle cacha dans son sein sa confusion, sa rougeur et ses regrets tardifs.

Ils sortent enfin de leur retraite : un regard jeté sur la contrée leur fait reconnoître au loin les palmiers qui dominent le bosquet de l'hospitalière vallée; ils se dirigent lentement de ce côté.

La jeune fille tremblante soupire à chaque

pas qui la rapproche du toit paternel, où elle a passé jusqu'alors des jours si innocens, et qui va devenir le théâtre de longs malheurs.

Fiorelli prodigue à sa compagne les consolations de l'amour, la nomme son épouse, et cherche à faire renaître dans son âme la sécurité, la joie, et il embellit son avenir des roses du bonheur.

Ils ne tardèrent pas à rencontrer des serviteurs qui, dispersés sur la côte, avoient passé la nuit à leur recherche ; le respectable Romeco, guidé par leurs cris d'allégresse, s'avance à la hâte, et mêle à ses embrassemens des larmes que la douleur n'avoit pu lui arracher, mais qu'en cet instant la joie seule lui fait répandre. Sa fille, d'un air timide, lui présente son libérateur ; il ne peut entendre l'expression de la reconnoissance paternelle, et recevoir sans embarras les louanges qu'on lui prodigue.

Le confiant Romeco avoit démêlé sans crainte les sentimens de ces deux jeunes gens, et même il les avoit vus se développer avec plaisir, désirant fixer Fiorelli auprès de lui pour l'aider dans ses projets de civilisation. Il comptoit, en l'unissant à sa fille, l'enchaîner à jamais par les liens de l'amour et de la reconnoissance. En effet, le jeune Vénitien paroissoit avoir oublié, dans les bras de son amante, son père et sa patrie : il ne respiroit plus que pour l'amour ; ce sentiment remplissoit tout son cœur, et usurpoit la place du devoir.

Il étoit temps néanmoins de prévoir les suites de son imprudente foiblesse, de se faire entièrement connoître à Melica, de lui développer les dangers de leur position, et de lui confier enfin les desseins formés par ses compatriotes sur le Péloponèse. Il lui demanda une entrevue secrète ; elle promit de se trouver, à l'entrée de la nuit, dans le bosquet solitaire.

Fiorelli arriva le premier au rendez-vous : son âme étoit obsédée d'une sombre mélancolie ; quoiqu'il fût résolu à verser ses plus secrètes pensées dans le sein de son épouse, il hésitoit encore, craignoit de troubler son repos, de déchirer le voile de sécurité qui entouroit son cœur ; et, en l'éclairant sur sa position, il trembloit de la rendre malheureuse.

Cependant ne valoit-il pas mieux devancer les événemens, que d'en être accablé, et prévoir le malheur pour en détourner les atteintes ; en proie à cette incertitude douloureuse, il parcouroit les détours du bocage. Ces lieux qu'il s'étoit plu à embellir, avoient perdu tous leurs charmes, et il marchoit au hasard sans rien voir, sans rien entendre.

C'est en vain que le zéphir courbe les branches

fleuries du grenadier, ou fait pleuvoir sur ses
pas à flocons la neige du jasmin ; il est insensible aux charmes de la nature , et même aux
impressions de l'amour, car son amante est
déjà près de lui , et il ne la voit pas. Muette de
surprise , elle s'arrête et le considère en silence ;
de plus en plus inquiète de l'apparente froideur
et de la sombre rêverie qui ternit ses regards :
« Fiorelli, tu ne m'aimes donc plus ? s'écrie-
» t-elle. Ma présence n'a pas fait tressaillir ton
» cœur ; tes bras ne s'ouvrent plus pour me re-
» cevoir ; ta bouche ne profère nulle exclama-
» tion de plaisir..... Fiorelli , tu ne m'aimes
» donc plus ? — Ah , mon amie , quel doute
» injurieux ! c'est de toi , de toi seule , que je
» m'occupois ; absente, je te voyois, je te par-
» lois, je te consolois ; oui, je te consolois des
» maux qui te menacent. — Voudrois-tu m'a-
» bandonner ? c'est le seul malheur que je craigne.
» — Assieds-toi à mes côtés , Melica , et n'in-
» terromps pas le récit douloureux que j'ai à
» te faire ; tu m'as ouvert ton âme tout en-
» tière , il ne doit pas exister de secrets entre
» nous, je vais te dévoiler le spectacle de mes
» peines passées , et les dangers de notre
» avenir. »

Alors il lui parla des liens qui l'attachoient
à sa patrie : il y a laissé des parens, des amis ;

abandonnera-t-il tous ces avantages pour s'ensevelir dans un désert avec son amante ? Elle-même, digne de tous les hommages, doit disposer des moyens que la fortune lui offre pour embellir les derniers jours de son père, pour sécher les larmes des malheureux, et fournir de l'aliment à celte bienfaisance céleste, qui la fait compatir aux misères humaines.

D'ailleurs, quelque agréable et paisible que soit sa retraite, bientôt elle ne la garantira plus de la fureur des hommes ; cette terre fortunée qu'elle aime, parce qu'elle est son berceau, va bientôt être souillée par les crimes de la guerre ; ces arbres qu'elle a plantés, ce toit protecteur de son enfance, vont être dévorés par la flamme ; elle-même peut-être sera victime d'une solda-tesque effrénée......

Son père, voulant défendre ses foyers, ne pourra résister à une force redoutable, heureux encore s'il peut soustraire sa tête au danger, et aller s'ensevelir au fond des déserts avec les restes sanglans de ses compagnons d'infortune. « Et moi, ajoute-t-il, que pourrai-je
» seul, au milieu de ces désastres ? Rebelle à ma
» patrie ; forcé de combattre mes compatriotes,
» mon propre père, j'expirerai pour te dé-
» fendre, sans pouvoir te préserver des mal-
» heurs qui te menacent : ah ! fuyons plutôt

» cette terre désolée , fuyons à cette heure ,
» qu'il en est encore temps ; le peu d'or que je
» possède peut favoriser ce projet ; confions
» aux vents plutôt qu'aux hommes notre for-
» tune, nos désirs, et l'espoir d'un avenir plus
» doux ; une autre contrée te réclame, elle
» t'offre une retraite paisible ; étoile venue de
» l'Orient , ton éclat fera pâlir celui de toutes
» nos beautés. »

Melica , penchée sur l'épaule de son ami ,
un bras passé autour de son cou, et le visage
collé sur sa poitrine qu'elle inondoit de ses
larmes , étoit absorbée dans une triste rêverie.
— Réponds-moi , fille charmante , consens-tu
à me suivre ?— « N'es-tu pas mon maître, Fio-
» relli ? ne suis-je pas à toi tout entière ? ne
» peux-tu pas disposer de moi comme de ton
» esclave ? Tu me tiendras lieu de tout ; mais
» laisse-moi pleurer sur ma patrie , sur mes
» compatriotes : je regrette cette terre chérie
» qui va être abreuvée de sang, mais je la
» quitte pour te suivre ; mes yeux, habitués à
» te voir, te verront sans cesse ; tu me rendras
» une autre patrie ; mon père surtout ne nous
» quittera pas, et je pourrai encore retrouver
» le bonheur ; mon pays n'est-il pas celui où
» respire mon amant ?...... Mais Romeco con-
» sentira-t-il à cette fuite honteuse ? Il connoît

» ton Europe, il la méprise : voudra-t-il y re-
» tourner ? Hélas ! s'il ne part pas, je reste ; tu
» ne m'aimerois plus, si je l'abandonnois aux
» dangers dont tu m'as fait un si affreux ta-
» bleau.

» D'ailleurs, pourquoi quitter toi-même nos
» contrées ? n'offrent-elles pas assez de peaux
» pour ton habillement, assez de laitage pour
» te rafraîchir ? N'as-tu pas un cœur qui est tout
» à toi ? n'es-tu pas aimé par mon père ? Fuyons
» ensemble au fond des déserts ; nous y atten-
» drons, dans une profonde et inaccessible re-
» traite, que les ennemis de notre repos se
» soient écoulés comme le torrent d'hiver, alors
» nous redescendrons dans nos plaines ; si la
» foudre de la guerre n'a pas respecté ces bo-
» cages, nous choisirons un vallon plus écarté ;
» et dans la seule société de mon père et de tes
» enfans, entourés de nos troupeaux et de
» quelques serviteurs fidèles, nous recommen-
» cerons une nouvelle, une innocente exis-
» tence : loin de tous les êtres civilisés, nous
» serons plus près du bonheur.

» Mais où m'égare mon inquiétude pour tout
» ce qui m'est cher ? Les malheurs dont tu m'as
» parlé sont peut-être encore loin de nous
» atteindre : l'orage est sous un autre horizon,
» le nôtre est calme, et la nature nous sourit. »

Elle cessa de parler; et, regardant son ami avec un sourire mélancolique, elle le pressa sur son cœur; de douces larmes brilloient dans ses yeux qui se portoient tantôt vers le ciel pour l'invoquer, tantôt vers son amant, avec une expression de candeur, de modestie et de douce sécurité. L'astre du soir, qui argentoit son front et ses joues décolorées, la blancheur éclatante de ses vêtemens, la faisoient ressembler à cette statue de la Pudeur, fruit de l'inspiration du ciseau antique, et qu'une imagination tendre a placé dans un bocage sacré pour en faire l'objet de son culte.

Fiorelli, touché de tant de confiance, de dévouement et d'amour, étoit sur le point de sacrifier sans retour le devoir au bonheur........ lorsque tout à coup le silence de la nuit est troublé par un bruit soudain; il est répété par l'écho, et à sa dernière vibration succède un second coup qui retentit dans le cœur de Fiorelli, le froisse et le navre de douleur.

« Entends-tu ce bruit, Melica? c'est celui de
» la guerre : Ah ! mes pressentimens ne m'ont
» point trompé; déjà ce tonnerre des hommes
» retentit jusque dans ces paisibles lieux; voici
» le jour terrible qui va éclairer les malheurs
» de ta patrie; voici le moment que je redoutois,
» où tu ne seras plus en sûreté dans cette re-

» traite, il te faudra fuir : et moi, fuirai-je
» aussi? Oui, c'en est fait, mon premier devoir
» est de protéger, de préserver de tout outrage
» mon amante , mon épouse , de l'accompa-
» gner même , s'il le faut , au fond d'un dé-
» sert, et de consacrer mon existence tout en-
» tière à l'amour, à l'amitié et à la reconnois-
» sance. Melica , reçois ici mes sermens, de ne
» point t'abandonner, et de t'adorer jusqu'au
» trépas........ Mais, chère Melica, il est temps
» de nous quitter : réveillé peut-être par ce
» bruit qui porte la mort dans mon âme , ton
» père cherchera sa fille. Allons le retrouver :
» Adieu , Melica , adieu. »

Elle ne peut s'arracher des bras de son amant,
elle ne s'en sépare que pour revoler encore vers
lui ; un noir pressentiment l'agite , il la rassure,
la console ; enfin ils se séparent.

Cependant la flotte , long-temps retenue en
mer par les vents contraires , étoit arrivée devant Malvoisie ; les hostilités avoient commencé.
Déjà la mort s'élançoit sous toutes les formes
des batteries flottantes ; les murailles s'écrou-
loient sous les chocs redoublés des boulets ;
pendant la nuit les bombes traçoient dans les
airs des arcs de feu qui se croisoient en tous
sens sur la ville, et la menaçoient d'un entier
incendie. Les habitans exaspérés montroient le

courage du désespoir ; ils incommodoient aussi beaucoup les vaisseaux , et du sommet de la citadelle ils renvoyoient à la flotte une partie des coups et des maux qu'ils en recevoient.

Les ennemis , surpris d'une telle défense , et craignant de ne pouvoir réduire cette malheureuse cité par la force , résolurent d'employer d'autres moyens plus lents, mais plus certains ; ils effectuèrent plusieurs descentes pour interrompre les secours que la place recevoit des pays voisins , dont il arrivoit sans cesse des vivres et de nouveaux combattans.

Ils échouèrent encore souvent dans ces projets ; mais, Malvoisie étant bâtie sur un rocher isolé , qui ne tient à la terre ferme que par un pont, ils s'attachèrent à couper cette communication pour enfermer les habitans , et les condamner à une famine inévitable. Ils ne réussirent que trop dans cette entreprise : dès lors il leur fut facile de débarquer sur la côte , et de porter le ravage jusque dans l'intérieur du pays.

La vallée solitaire où habitoit Romeco , avoit jusqu'alors été respectée , ou plutôt on l'avoit oubliée ; ce chef avoit néanmoins tout préparé pour sa défense : les plus vaillans de ses compatriotes se réunissoient dans l'intérieur de son habitation ; les autres s'étoient retirés sur des montagnes inaccessibles.

On avoit rassemblé des armes, des provisions ; le soir les ponts-levis étoient soigneusement fermés ; des gardes étoient postés pendant la nuit sur les terrasses d'où l'on pouvoit découvrir le pays à une grande distance.

La position de Fiorelli étoit cruelle ; l'aspect du danger qui menaçoit son bienfaiteur, les terreurs de son amante qui le conjuroit de la défendre, et lui rappeloit ses sermens, brisoient son cœur, tour à tour flottant entre l'amour, l'honneur, la reconnoissance et le devoir.

Une nuit il promenoit sur les terrasses sa mélancolique incertitude, lorsqu'il vit briller au loin des armes ; il crut même reconnoître la bannière de Saint-Marc, et ne douta pas que l'on ne vînt attaquer ses bienfaiteurs. Désirant les servir malgré eux et à leur insu, il s'échappe sans bruit de la maison par une issue secrète, résolu d'aller au-devant des Vénitiens pour tâcher de détourner le danger qui menaçoit ses hôtes, en leur exposant les bienfaits qu'il en avoit reçus.

Il faillit être la victime de son imprudence : les Vénitiens, croyant apercevoir un Moraïte, alloient le sacrifier ; mais Fiorelli élève la voix, se fait reconnoître à son langage pour l'un de leurs compatriotes. On le questionne ; il se nomme.... Son père lui-même commandoit ce détachement, chargé d'une reconnoissance importante; quels sont ses transports, de retrouver un fils qu'il pleuroit encore! En cet instant fortuné ils oublient tous deux leurs projets, et se dirigent vers les vaisseaux.

Les premiers épanchemens de la tendresse étant calmés, Fiorelli raconta de quelle manière il avoit été sauvé du trépas, et quelles obligations il avoit aux bons Moraïtes pour lesquels il venoit solliciter protection et clémence. Son père lui promit de faire respecter la vallée hospitalière; mais lorsque Fiorelli témoigna le désir d'y retourner, le noble Vénitien, qui avoit aisément pénétré le secret des amours de son fils, rejeta sa demande, fut inflexible, et lui défendit de penser désormais à la belle Grecque, que les lois impérieuses de la religion et de l'honneur lui prescrivoient d'oublier.

Fiorelli, en proie au plus violent désespoir, étoit gardé à vue, et ne pouvoit s'écarter des vaisseaux; insensible aux caresses de son père, il rejetoit les consolations que lui prodiguoient ses amis. Humilié de l'opinion que les Moraïtes devoient concevoir de sa fuite, sa douleur étoit à son comble lorsqu'il se représentoit Melica, expirant victime de sa faute et de son apparente inconstance.

Cependant la famine étendoit ses ravages et

multiplioit la mort dans la ville assiégée, au point qu'elle fut obligée de capituler. Le père de Fiorelli, voyant son fils, dévoré de la fièvre des regrets, approcher rapidement de la tombe, crut devoir l'éloigner, et le chargea de porter dans sa patrie la nouvelle de cette conquête importante. Fiorelli, forcé d'obéir, vit avec désespoir le vaisseau s'éloigner d'une terre où il laissoit la moitié de son existence.

Les habitans de la vallée avoient été aussi surpris qu'indignés de la fuite du perfide étranger; mais que devint Melica, lorsque, après avoir cherché en vain son amant dans tous les lieux qu'ils avoient si souvent parcourus ensemble, elle se trouva seule, isolée, et que le nom de Fiorelli, prononcé au milieu des sanglots, ne le fit plus accourir?

Egarée, éperdue, elle courut se jeter dans les bras de son père, et lui confia avec ingénuité toute l'étendue de sa faute et de son malheur.

Romeco, outragé dans ce qu'il avoit de plus cher, jure de se venger. Il rassemble aussitôt les plus fidèles de ses amis; et, après avoir exposé toute la perfidie du coupable Vénitien, il leur propose le serment redoutable contre les traîtres. Non loin de là il existoit des souterrains que les anciens Grecs avoient creusés pour leur servir de dernières demeures; dans ces hypogées, qui

parfois avoient recélé des familles proscrites,
ou les débris sanglans de peuplades persécutées,
on voyoit une vaste salle soutenue par de massifs
piliers ; le jour n'avoit jamais pénétré dans cette
enceinte mystérieuse , qui n'étoit connue que
d'un petit nombre de Moraïtes. C'est en cet
endroit caché dans les entrailles de la terre, et
où l'on n'arrivoit que par de longs détours, que
le père implacable de Melica conduisit les principaux Moraïtes du canton.

Les flambeaux qui avoient éclairé leur marche
furent réunis en un faisceau ; cette sombre lueur
devoit éclairer une scène horrible. Les amis de
Romeco se rassemblèrent en silence autour de
leur chef, qui d'une voix tremblante, mais ani-
mée par la fureur, leur rappela les bontés dont
il avoit comblé Fiorelli, et le crime dont celui-ci
s'étoit rendu coupable. Il n'eut pas besoin de
les porter à la vengeance ; un murmure confus,
qui présageoit la tempête dont leur âme étoit
agitée , lui annonça qu'ils étoient disposés à
prêter le serment redoutable.

Alors Romeco s'arme d'un glaive ; il en tourne
la pointe contre lui-même, et fait jaillir son sang ;
une coupe le recueille, et, toute fumante ,
il la porte le premier à ses lèvres. Tous jurent
sur la coupe de poursuivre le perfide étranger,
et de l'immoler aux pieds de ce père outragé ;

tous baignent leurs lèvres dans cet horrible breuvage, qui sembloit exhaler le sentiment de la vengeance. Vengeance ! répètent-ils par trois fois. Ce mot, retentissant sous les voûtes obscures de ces souterrains, fut porté jusqu'aux lieux les plus reculés, et les mânes de leurs aïeux semblent répondre vengeance ! vengeance !

Au sortir de cette scène d'horreur, les Moraïtes se répandirent dans la contrée. Enivrés de sang, la fureur leur prêta son éloquence ; de tous côtés se rallioient à eux les peuplades dispersées, et bientôt Romeco eut rassemblé un grand nombre de guerriers, prêts à seconder l'entreprise qu'il méditoit.

Dans le même temps l'escadre des alliés avoit remis à la voile, se dirigeant vers d'autres conquêtes, et l'on n'avoit laissé dans Malvoisie à moitié ruinée qu'une foible garnison.

On croyoit les Moraïtes accablés du coup que la prise de cette ville leur avoit porté, et qui paroissoit avoir retenti comme la foudre sur les plages voisines. Le commandement de cette place, forte encore par sa situation, avoit été laissé au père de Fiorelli.

Romeco, instruit du départ de l'escadre, crut le moment favorable pour se venger ; le nom de Fiorelli fit croire aux Moraïtes que celui qu'ils poursuivoient étoit resté exposé à leurs coups,

et ils se disposèrent à exécuter leurs projets
homicides.

Un habitant de Malvoisie qui s'étoit réfugié
au milieu des Moraïtes, et dont ils n'avoient
point de raison de se défier, offrit de servir de
guide aux compagnons de Romeco. Il connoissoit l'entrée d'un aqueduc qui portoit autrefois
à la ville les eaux d'une source. Cette construction, digne, par sa solidité et sa hardiesse, des
anciens Grecs, dont les ouvrages bravent les
siècles, ne servoit plus à l'usage pour lequel elle
avoit été originairement destinée. Le Malvoisien
étoit sorti de la forteresse par ce chemin ignoré,
et dont l'extrémité aboutissoit dans une mosquée
bâtie sur les fondations de l'ancien réservoir
des eaux de l'aqueduc : la même route pouvoit
servir à introduire l'élite des guerriers moraïtes ;
mais une difficulté s'opposoit à ce projet (1).

Le pont qui unissoit la ville à la terre ferme
avoit été rompu par les ennemis ; d'ailleurs ils
avoient établi une garde dans la tour qui s'élevoit à son extrémité ; mais que ne peut l'esprit
humain, lorsqu'il est mû par le sentiment pro-

____

(1) La description des lieux est de la plus exacte vérité ; il existe
beaucoup de constructions antiques, tant à Malvoisie, que dans
les environs. On peut consulter à ce sujet le plan figuré de la rade
de Malvoisie, où les lieux dont il est question sont désignés,
le récit du Iafasan étant composé d'après les localités.

fond de la haine et de la vengeance! Romeco imagine un projet qu'il communique aux autres chefs moraïtes; ils se concertent, et préparent en secret tout ce qui étoit nécessaire pour cette hardie expédition.

La fin d'une journée orageuse, et qui promettoit une nuit semblable, fut choisie pour attaquer les ennemis : ils jouissoient de la plus grande sécurité, ne se doutant pas que la tempête qui attristoit la nature en présageoit une qui devoit leur être encore plus funeste.

Les Moraïtes se rassemblent sur une langue de terre avancée en mer, et qui ne laissoit entre elle et le côté opposé qu'un passage assez étroit pour qu'il fût possible de le traverser à la nage; le transfuge avoit déjà tenté ce trajet; il se chargea de porter sur le rivage de Napoli un cordage dont l'extrémité devoit rester dans les mains de Romeco; il fut accompagné par plusieurs Moraïtes aussi courageux que lui : le ciel étoit toujours couvert de nuages épais, mais la mer étoit peu agitée. Ces généreux guerriers s'y précipitent, fendent les flots avec assurance, et se trouvent bientôt après à l'autre bord. Au signal convenu, Romeco attache au cordage un long câble auquel on avoit lié de distance en distance d'énormes branches d'arbres qui devoient le soutenir à la surface des eaux; les Mo-

raïtes, à force de bras, parvinrent à ramener
l'extrémité de ce pont volant à l'autre rive,
où ils l'attachèrent au tronc noueux d'un antique
figuier.

Alors tous ces guerriers, portant sur leur tête
leur simple vêtement et leurs armes, n'eurent
que peu de peine à nager en s'aidant du câble,
et se secourant mutuellement jusqu'à l'autre
bord. Là, décidés à vaincre ou à périr, ils ne
s'embarrassent plus de la conservation de leur
pont, et, suivant en silence le chemin indiqué
par leur guide, ils parviennent sans obstacle à
l'aqueduc, et de là dans la mosquée, où ils se
reposent un moment pour reprendre les forces
qui doivent seconder leur courage.

Les habitans de la ville et la garnison jouissoient de la sécurité la plus parfaite ; seulement
quelques gardes distribués sur les remparts et
à la porte du commandant, se promenoient en
silence ; on n'entendoit d'autres bruits que celui
des vents qui agitoient les drapeaux victorieux
plantés au sommet des tours, et celui des flots
de la mer qui venoient se briser à leurs bases.
Pendant cette nuit le gouverneur de la ville, le
sévère Fiorelli veilloit lui-même, absorbé dans
une sombre méditation. Ses réflexions se portoient tantôt sur le départ forcé de son fils ; il
lui sembloit le voir succomber aux angoisses

d'un amour malheureux ; tantôt il réfléchissoit aux dangers de sa propre situation ; enfin les tourmens de l'ambition bourreloient son âme d'une poignante inquiétude.

Appuyé sur les bords de la galerie élevée de son palais, il promenoit ensuite ses regards incertains sur la ville, ou les laissoit s'égarer sur la vaste étendue des eaux qui le séparoient de sa patrie, lorsqu'un bruit sourd, lointain et inaccoutumé, fixe son attention ; il entrevoit à travers les brouillards de la nuit briller des armes à l'autre rive : il croit y reconnoître une réunion d'hommes ; peu après la mer se trouve coupée par une ligne blanchissante sur laquelle les flots viennent se briser. Enfin tout disparoît, le calme renaît, et il attribue cette vision aux jeux de l'imagination inquiète ou aux prestiges de la vue, qui donnent souvent un corps à des objets fantastiques ; ayant même renoué le fil de ses idées, que la distraction avoit un moment rompu, et le sommeil appesantissant ses paupières, il alloit chercher à réaliser ses projets ambitieux dans des rêves flatteurs, lorsqu'il aperçut distinctement la porte de la mosquée voisine s'ouvrir : surpris, il redouble d'attention, et voit plusieurs hommes armés en sortir avec précaution.

Alors il ne doute plus qu'il ne se trame quelque

perfidie contre sa sûreté ; il va lui-même éveiller les principaux officiers qui demeuroient dans son palais, et leur ordonne de courir de poste en poste pour faire mettre les soldats sous les armes. Aux armes ! aux armes ! crie-t-on aussitôt de toute part.

Les Moraïtes, se voyant découverts, ne se déconcertent pas ; ils forment une phalange serrée, et vont droit au palais du commandant vénitien dans l'espoir d'empêcher les Francs de s'y réunir. Ils sont déjà devant les portes, et cherchent à les faire céder sous leurs coups. Fiorelli avoit rassemblé autour de sa personne ce qu'il avoit trouvé d'officiers et de soldats, et, voyant que les portes ne peuvent résister long-temps à l'ardeur des assaillans, il les fait ouvrir. Aussitôt une foule imprudente s'y précipite ; mais le tonnerre s'élance de plusieurs bouches à feu, et dévore nombre de victimes. Les Moraïtes s'arrêtent incertains ; mais Romeco, bravant la mort pour assouvir sa vengeance, les rallie : il fond sur les Vénitiens, les renverse sur leurs canons devenus inutiles. Dans la mêlée il cherche, il appelle à grands cris, et défie le perfide Fiorelli.

Tout à coup un bruit affreux se fait entendre, la terre tremble sous les pas des combattans, des tourbillons de flammes semblent s'exhaler d'un gouffre, et chassent au loin tous les obstacles. Romeco est renversé, une foule de ses compagnons est moissonnée, et le silence le plus effrayant succède d'abord à cette explosion meurtrière; mais bientôt il est troublé par les cris de mort et de désespoir.

Le palais du commandant des Vénitiens étoit devenu le dépôt des armes et des munitions de guerre, et un amas de poudre avoit été renfermé dans un souterrain qui avoit son issue sur le lieu même qui étoit en ce moment le théâtre du carnage. Je ne sais si l'affreux événement dû à la déflagration de cette espèce de mine fut un effet du hasard ou un piége tendu aux Moraïtes; mais la mort ne choisit pas ses victimes, et fit périr un grand nombre de Francs; le reste fuit épouvanté, ou se cache; la plupart regagnent précipitamment leurs vaisseaux, et s'y embarquent, déplorant la perte de leur chef; car Fiorelli avoit péri. Romeco n'avoit pas succombé, mais on le retira du milieu des décombres, sanglant et privé de la vue. Il se consola néanmoins de cette perte, lorsqu'il sut que le même coup avoit tué son ennemi.

La vengeance des Moraïtes étant ainsi assouvie, ils pleurèrent sur le sort de leurs compagnons auxquels ils rendirent les derniers devoirs, et reprirent ensuite le chemin des montagnes, emmenant avec eux leur malheureux chef.

Que faisoit la triste Melica pendant cette nuit désastreuse? On lui avoit caché le but de l'expédition ; en proie à ses réflexions douloureuses, errante dans les bocages qui entouroient sa demeure, naguère si rians, maintenant si tristes, elle étoit indifférente à tout ce qui se passoit autour d'elle, et n'avoit d'autre sentiment que celui de son amour et de ses peines. Elle avoit aperçu des rassemblemens d'hommes armés, mais elle croyoit qu'ils ne l'étoient que pour la défense de leurs propriétés, et non pour attaquer un ennemi qu'elle supposoit redoutable. Après avoir passé une partie de la nuit à gémir, l'épuisement de ses forces la fit tomber dans un sommeil pénible et agité par des songes effrayans, qui se succédoient dans son imagination bouleversée, et qui la réveillèrent enfin ; elle se leva, et résolut d'aller chercher du soulagement auprès de son père ; mais elle ne rencontra dans la maison que des femmes éplorées, qui lui apprirent le départ de Romeco et des guerriers moraïtes. Aussitôt l'air retentit de ses cris, et à la douleur d'avoir perdu son amant se joignit l'horrible crainte d'être la cause de la mort de son père. Après avoir passé cette journée dans une cruelle anxiété, le soir elle aperçut au loin dans la plaine le reste de la troupe des Moraïtes ; elle court à leur rencontre, leur redemande leur

chef; on hésite, elle persiste : on lui découvre alors l'infortuné vieillard, qu'on portoit sur les drapeaux enlevés aux ennemis. Elle vole dans les bras de Romeco, qui de ses foibles mains la repousse..... « Vois, cruelle fille, lui dit-il d'une
» voix altérée par la douleur, contemple les
» fruits de ta fatale imprudence; les dieux m'ont
» privé de la lumière, mais leur justice suprême
» m'a vengé en même temps de ton séducteur;
» le perfide Fiorelli ne vit plus, et j'emporterai
» au moins dans le tombeau cette funeste conso-
» lation. » Melica n'existoit déjà plus elle-même; une sueur froide baigne son front, et elle tombe inanimée

Depuis cet instant fatal le vertueux Romeco, en proie aux douleurs que lui causoient ses plaies, et aux peines plus cuisantes que lui fait éprouver son déshonneur, s'avançoit rapidement vers la tombe.

Melica, désespérée des suites de son impru- dente conduite; en proie aux tourmens de l'in- quiétude, des remords et d'un amour malheu- reux; s'affoiblissant elle-même chaque jour, ne soutenoit son existence douloureuse que dans la crainte d'ôter la vie au fruit d'un instant de délire, et de priver son père des soins qui lui devenoient de plus en plus nécessaires.

Chaque instant de l'éternité est marqué par des

événemens contradictoires : les parques n'attendoient, pour trancher les jours du malheureux
Romeco, que de pouvoir commencer la trame
de ceux de son fils ; la même heure sonna pour
le vieillard mourant et le nouveau-né ; elle retentit des derniers soupirs de l'un et des premiers
cris de l'autre...... Quel moment pour le cœur
d'une fille , d'une mère !.... Melica, combattue
entre deux sentimens contraires, ne put y résister ; et son âme, presque détachée de ses liens
terrestres, fut sur le point de voler vers son
éternelle demeure.

Cependant le cri de l'amour maternel fut
plus fort que la douleur : les devoirs que son
nouvel état lui imposoit, la forcèrent de vivre ;
les larmes de la tendresse filiale, sans cesser de
couler, devinrent moins amères, et peu à peu la
douce mélancolie remplaça les angoisses de la
douleur. Alors elle s'occupa de soins pénibles,
mais bien chers à son cœur : elle fit élever un
monument durable consacré aux mânes de son
père ; elle le plaça dans le même lieu que son
amant s'étoit plu à embellir ; elle mêla aux
arbustes fleuris des arbres funéraires ; et chaque
jour elle venoit pleurer sur la tombe qui renfer-
moit son père et l'ombre de son amant.

Les semaines et les mois s'écouloient sans
apporter de soulagement à sa douleur, et l'a-

bandon dans lequel elle se trouvoit lui devenoit de jour en jour plus à charge. De trois êtres qui lui avoient fait chérir la vie, deux n'existoient déjà plus pour elle, et sa propre existence ne sembloit attachée qu'à celle de son enfant : sans lui, elle auroit appelé la mort comme le seul remède à ses maux. Pâle, foible, abattue, pendant la nuit elle parcouroit d'un pas inégal et lent, les bosquets fleuris de la vallée ; elle ressembloit à une ombre errante dans l'Elysée, séjour de l'éternel repos ; et souvent l'aurore la surprenoit dans ses méditations douloureuses.

Mais ce Fiorelli dont elle déploroit la perte, ou, tout au moins, l'inconstance, l'a-t-il réellement oubliée ? Son sort est peut-être aussi à plaindre que celui de sa victime. Revenons sur nos pas, mettons-nous sur ses traces, et suivons-le à partir du moment qu'il fut forcé par son père de quitter les rives du Péloponèse.

Son vaisseau, poussé par un vent favorable, parcourut, dans l'espace de quelques jours, l'étendue de la mer Adriatique, et bientôt parvint à l'entrée de ces rochers qui ceignent le bassin où s'élève Venise. Les marins, joyeux de porter dans leur patrie, la nouvelle glorieuse du succès de ses armes, élevoient des pavillons à l'extrémité des mâts, et saluoient, en faisant tonner leur artillerie, les forts dispersés sur les lagunes

A peine entré dans le port, Fiorelli se hâta de rendre compte au gouvernement de la république, de la mission dont il étoit chargé, et témoigna le désir de retourner sur le théâtre de la guerre ; mais son père avoit prévenu sa famille de la passion malheureuse de son fils, qu'il traitoit de folie, et avoit engagé ses parens à le retenir auprès d'eux. Aussi les sollicitations du jeune homme furent vaines.

Cependant il n'avoit point oublié la promesse qu'il avoit faite aux Moraïtes nomades, prit des informations sur le sort de leurs compatriotes, qui gémissoient dans les fers ; il parvint à les découvrir, et, en prodiguant l'or, il les rendit à la liberté. Indigné de la contrainte dans laquelle on le tenoit, et prévoyant qu'il ne pourroit quitter la ville que par surprise, il les envoya dans un port de l'Adriatique, peu éloigné, mais hors des domaines de la république, et leur donna l'ordre de fréter un bâtiment qui devoit le recevoir lui-même, et protéger sa fuite. Il ne garda auprès de sa personne que l'un des fils de son hôte, Grec adroit, intelligent, qui lui étoit tout dévoué, et devoit le servir dans l'exécution de ses projets.

Sur ces entrefaites, la nouvelle de la mort funeste du père de Fiorelli, et de la reprise de la ville de Malvoisie par les Moraïtes, arriva à

Venise, apportée par les officiers et les soldats de la garnison, qu'une terreur panique avoit fait rembarquer sur leurs vaisseaux. Ils cherchèrent à excuser leur lâcheté par un mensonge, et ils répandirent des bruits injurieux à la mémoire de leur chef, publiant partout qu'ils avoient été la victime d'une affreuse trahison.

Ils supposoient que leur commandant, de concert avec son fils, qui avoit long-temps vécu avec les Moraïtes, et profitant des intelligences qu'il avoit conservées avec eux, leur avoit livré la ville, pendant que ce dernier alloit à Venise, pour recueillir les richesses de sa famille, au moyen desquelles ils formeroient en Morée un Etat indépendant.

Ils ajoutèrent que la mort de l'un, qui étoit tombé dans le piége tendu à ses seuls compatriotes, n'avoit rien changé aux projets de l'autre. En effet, l'empressement de Fiorelli à quitter sa patrie; le soin qu'il avoit de se défaire de ses propriétés; le rachat de plusieurs esclaves moraïtes, dans la seule vue de s'en faire un mérite auprès de ce peuple, étoient autant de preuves convaincantes de sa trahison.

Tous ces bruits adroitement calomnieux, répandus avec affectation, et auxquels la maligne oisiveté ajoutoit encore de nouvelles couleurs, parvinrent bientôt aux oreilles des membres du sévère gouvernement de la république. Il en falloit moins, sans doute, pour éveiller son inquiète et soupçonneuse surveillance, et l'on convint aussitôt que Fiorelli seroit arrêté.

Cependant, le fidèle Moraïte qui s'étoit attaché à son libérateur de toutes les forces d'une âme sauvage, et dont le bon sens naturel, éclairé par son cœur, avoit su pénétrer le danger de leur situation, parvint aussi à découvrir cet important secret; il le révèle à Fiorelli, et le fait consentir, quoique avec peine, à s'éloigner de Venise. Ayant perdu son père, sans famille et sans amis, puisque la crainte de partager sa disgrâce les avoit dispersés; détaché désormais de tous les liens que son ingrate patrie avoit rompus, et guidé par le seul intérêt de sa tendresse, il n'avoit plus d'autres désirs que de convaincre les Moraïtes de son innocence, et Melica de son constant amour.

Le soir même, accompagné du fidèle Moraïte, il sort du palais de ses aïeux; une gondole bien servie le transporte en terre ferme; il y trouve des chevaux qui le mènent, par des routes détournées, vers le port où étoit le vaisseau chargé d'une partie de sa fortune et des Moraïtes qu'il avoit délivrés; le vent étoit favorable; on l'attendoit pour mettre à la voile; l'ancre est levée; et l'on part aussitôt.

Cependant Fiorelli tourne un dernier regard vers sa patrie ; des larmes roulent dans ses yeux ; il ne peut, de sang-froid, abandonner les lieux où s'est écoulée son enfance ; il y laisse les compagnons et les plaisirs de sa jeunesse, de douces habitudes qui s'étoient presque converties en besoins ; il abandonne même une grande partie de ses richesses, pour aller s'ensevelir dans une contrée barbare, dont les mœurs sont si contraires à celles de ses compatriotes, dont la rudesse est aussi âpre que les sites montagneux qu'ils habitent.

Mais l'amour l'appelle, l'imprévoyant mais véritable amour, qui dédaigne le luxe des cités, qui se réfugie et se plaît sous le chaume. Il y trouvera moins de politesse, mais plus de franchise ; l'ignorance naïve au lieu de la morgue pédantesque ; et les merveilles de la nature lui tiendront lieu de celles des arts. Ses richesses lui permettront d'être le bienfaiteur de toute une contrée ; il achèvera l'ouvrage de Romeco ; et, uni à une femme charmante, dont les vertus sont adorées par ses compatriotes, et qui sera son intermédiaire avec eux, il aura la douce satisfaction de ne voir autour de lui que des cœurs contens, qui le béniront comme leur protecteur, leur ami, leur ange tutélaire.

Le vent, toujours favorable, éloignoit le vais-

seau des Etats vénitiens, et le dirigeoit vers la
Morée ; en peu de temps, on atteint les limites
de l'Adriatique ; Corfou, Cephallonie et Zanthe
disparoissent successivement, et le front chauve
et découpé du Taygète se montre enfin aux
regards enchantés des Moraïtes.

A la vue de cette côte chérie, ils font retentir
les airs de leurs cris joyeux ; ils vont revoir
leurs pénates, leurs familles. A peine a-t-on
jeté l'ancre, qu'ils entourent Fiorelli, embrassent
ses genoux, mouillent ses mains de leurs larmes,
et lui donnent tous les noms que la tendresse et
la vénération leur suggèrent ; ils l'enlèvent doucement dans leurs bras, le portent dans la chaloupe, et veulent être ses seuls conducteurs.
Déjà leurs bras vigoureux, dont la joie double
les forces, précipitent le jeu des rames ; ils dévorent l'espace sous leurs puissans efforts ; et
l'esquif léger vole à la surface de la mer, moins
agitée que leurs cœurs.

Les habitans de ce rivage étoient accourus à
l'aspect inaccoutumé d'un navire paré de ban-
derolles flottantes, et arrêté dans un port peu
fréquenté, et où nul attrait de curiosité ni de
commerce n'attiroit, pour l'ordinaire, les navigateurs. Cependant ce spectacle, qui n'annonçoit pas des intentions hostiles, les intéresse
déjà. Quels sont ensuite leur surprise et leurs

transports, lorsqu'ils s'entendent nommer, qu'ils croient apercevoir et qu'ils reconnoissent en effet leurs fils, leurs frères, leurs époux, leurs amis qui leur tendent les bras!

Quel doux moment pour Fiorelli, lorsque, mené en triomphe par la troupe des captifs reconnoissans, il touche le rivage, et que ces hommes de la nature expriment avec une énergique franchise, leurs sentimens de gratitude et d'amour! Cet instant fortuné compense toutes les peines, les inquiétudes passées, et semble être d'un heureux présage pour l'avenir.

Son vieux hôte de la caverne, envers lequel il avoit si noblement acquitté la dette de la reconnoissance, réclame avec justice le droit de lui accorder de nouveau l'hospitalité, et, accompagné de son heureuse famille, il s'achemine vers l'agreste retraite, qui, dans une circonstance funeste, lui a déjà servi d'asile.

Lorsque les premiers transports furent calmés, Fiorelli questionna avec empressement les Moraïtes sur le sort de la famille de Romeco; mais ces bergers, dont les relations ne dépassoient pas les limites de la vallée qui les avoit vus naître, restés étrangers aux malheureux événemens qui s'étoient passés dans leur voisinage, ne purent satisfaire son inquiète curiosité.

Le lendemain, il fait débarquer ce qu'il a

sauvé de sa fortune; le confie sans crainte aux bons Moraïtes; récompense généreusement les marins qui ont favorisé sa fuite; leur recommande la discrétion; leur fait ses adieux, et se dispose à partir lui-même pour la vallée des Palmiers.

Il ne tarda pas, en effet, à se mettre en route, accompagné de son premier guide et des deux fils de son hôte, qu'il a sauvés de l'esclavage. Ils sacrifient volontiers à son attachement pour lui, le plaisir qu'ils auroient eu à rester dans le sein de leur famille, dont ils avoient été si long-temps séparés. Tous sont pleins de jeunesse, de santé et d'espérance. Fiorelli jouit d'avance de sa prochaine réunion avec sa tendre épouse. Libre de tout soin, il va se consacrer tout entier au bonheur de sa nouvelle famille; sa fortune lui permettra de répandre l'aisance parmi les Moraïtes de la contrée, et de leur procurer les douceurs d'une vie indépendante et industrieuse; il fondera, en un mot, une colonie nouvelle qu'il enrichira par le commerce et les arts.

Tels sont les priviléges d'une jeune et souvent trompeuse imagination: dans les tableaux qu'elle nous offre, elle peint l'avenir des plus vives couleurs; c'est l'aurore d'un beau jour; et jamais elle ne prévoit, dans un ciel pur, la possibilité d'un orage.

Après plusieurs jours d'une marche fatigante, nos voyageurs arrivèrent au sommet des montagnes d'où l'on découvre les tours de Malvoisie. Fiorelli ne peut maîtriser son impatience, à l'aspect de ces lieux voisins de l'hospitalière vallée : il voudroit, malgré la nuit qui s'avance, continuer sa route ; mais ses guides, harassés de fatigue, et qui ne sont pas exaltés comme lui par le plus tumultueux des sentimens, le supplient de prendre quelque repos dont ils ont tous besoin.

En cet endroit, il existoit une chapelle consacrée à la Panagia, et qui étoit le but des pèlerinages de ces cantons. Le portique servoit en même temps d'abri au voyageur fatigué, et au pâtre, qui s'y retiroit pour se garantir de l'ardeur du midi. L'un et l'autre y déposoient leur offrande, et y faisoient leur prière. Un Moraïte venoit d'y arriver pour s'acquitter d'un vœu (1). Il avoit allumé la lampe suspendue devant l'autel ; l'avoit paré de fleurs ; et, agenouillé aux pieds de la mère du Sauveur du monde, il s'acquittoit avec piété et ferveur des devoirs religieux qu'il s'étoit prescrits.

______

(1) L'histoire de ce vœu forme ici un épisode qui se lie d'une manière indirecte avec le sujet principal, mais qui peut, sans inconvénient, en être détaché sans nuire à la suite du récit des aventures de Melica : nous l'avons donc supprimé.

Nos voyageurs remercièrent eux-mêmes la Panagia, et se recommandèrent à sa puissante intercession, pour la réussite de leurs projets. Tous se réunirent ensuite pour faire le repas du soir, et se questionnèrent mutuellement sur le but de leur voyage.

Mais de quel coup subit autant qu'affreux Fiorelli n'est-il pas atteint, lorsqu'il apprend de la bouche du Moraïte, les malheurs arrivés dans la vallée des Palmiers ; la mort de Romeco, suite de la trahison d'un perfide étranger, qui, sans égard aux loïs sacrées de l'hospitalité, les avoit violées, en séduisant Melica ; et comment, après l'avoir abandonnée, dévoué à la mort par la peuplade réunie, il n'avoit échappé à la vengeance des Moraïtes que pour être victime d'une nouvelle perfidie qu'il avoit tramée contre eux ?

Les compagnons de Fiorelli, reconnoissant l'étendue du danger qui le menace, en frémissent tout en renfermant en eux-mêmes l'expression de leur crainte ; ils se contentent de lui jeter un coup d'œil qui exprime leur dévouement, et lui recommande la prudence. Le malheureux jeune homme les comprend, et persiste néanmoins dans une résolution qu'il avoit déja formée. S'étant assuré que le pieux Moraïte ignoroit la langue devenue familière à ses compagnons de voyage, pendant leur longue captivité, il leur expliqua une partie de ses projets. On convint que la petite caravane camperoit en cet endroit, assez éloigné des habitations pour ne pas donner des soupçons et porter ombrage, pendant que l'un d'eux iroit à la découverte, pour sonder les intentions des habitans de la vallée, prévenir Melica, et chercher à se la rendre favorable.

Feignant d'avoir besoin lui-même de repos, il invite ses compagnons à s'y livrer ; et, comme ils ne se doutoient pas de ses projets, ils ne tardent pas à être plongés dans un profond sommeil.

L'imprudent Fiorelli attendoit ce moment pour s'échapper avec précaution et sans bruit, et dès qu'il s'est assez éloigné pour n'être pas entendu, alors il s'achemine à la hâte vers la vallée, par un chemin tracé au milieu d'une forêt de chênes verts et de lauriers, promenade charmante et solitaire où il s'étoit égaré mainte fois avec sa bien-aimée, et qui lui offroit à chaque pas de doux souvenirs : les dangers qui l'entourent n'ont pas même le pouvoir de les détruire.

Dans le cours de cette même nuit, la triste Melica, en proie à de fâcheux pressentimens, étoit obsédée par des songes confus ; ils présen-toient à son imagination des tableaux disparates. Il lui sembloit entendre tantôt des concerts d'allégresse, tantôt les vociférations de la rage. Elle planoit sur les mers, entraînée par le charme des accens de son époux qui l'appelle ; elle vole, elle approche ; mais il fuit toujours en lui faisant signe du haut d'un navire ; et, au moment où elle alloit le rejoindre, un son lugubre se fait entendre, et le fantôme s'évanouit. Le moment d'après, elle revoit Fiorelli entouré d'assassins, qui font briller sur sa tête leurs fers homicides ; elle accourt, se précipite pour le sauver : le songe cesse ; mais à son réveil, fatiguée de ces cruels pressentimens, elle descend de sa couche solitaire, jette un coup d'œil attendri sur le berceau où repose le fruit de ses amours, effleure de ses lèvres décolorées le front de l'innocente créature, qui goûte les douceurs d'un paisible repos, et semble lui sourire.

La triste Melica sort de sa demeure, traverse, à la lueur des étoiles, les vergers qui séparent l'habitation des vivans du champ de la mort : bientôt elle entre dans le bois de cyprès, et s'enfonce sous leur ombre épaisse et silencieuse.

L'inconstant zéphyr semble vouloir ralentir sa marche et la détourner de sa résolution. Il fait serpenter derrière elle les longs plis de son feretgé, les extrémités de son voile, et les tresses négligées de ses longs cheveux ; il marque

Melica au Tombeau.

le contour de sa taille flexible comme la jeune branche du laurier-rose.

Elle s'arrête un moment sur les bords du ruisseau, pour y puiser une eau limpide qui coule pour ne plus revenir : elle soupire ; son bonheur s'est écoulé comme cette onde !

Melica arrive enfin au tombeau : l'ange de la mort ombrage de ses ailes la blancheur du marbre. Ce monument n'est point recouvert d'une froide pierre ; une couche de terre où croissent quelques fleurs, cache sous ses germes féconds les ravages de la destruction. (*Pl. XIV*.)

Elle soulève d'une main tremblante le vase qu'elle a apporté, et arrose les fleurs auxquelles, la nature a prodigué les nuances les plus variées et les plus suaves parfums.

L'épouse infortunée se prosterne ensuite sur les degrés de marbre ; sa douleur concentrée s'exhale, se soulage par des larmes amères ; et, du milieu des sanglots, elle laisse échapper ces paroles : « Ombre respectable d'un père que j'ai » précipité dans la tombe, pardonne à ta fille » repentante ; prends pitié de ses remords ; et, » du haut du séjour des justes, fais descendre sur » son coupable cœur le souffle de la miséricorde » et de la consolation. »

Et s'adressant ensuite aux mânes de son amant :

« O toi qui ne fis qu'apparoître un instant sur
» la terre, réjouie par ta présence, tu as passé
» comme ces lis que le vent brûlant du Midi
» dessèche le même matin qui les voit éclore!

» La vigne, protégée par le peuplier qu'elle
» embrasse, croît avec lui, et soutient à son
» tour son bienfaiteur, lorsque son tronc est
» privé de verdure et de séve. Mes embrasse-
» mens et mes caresses n'ont pu te sauver du
» trépas.

» Mais tu ne m'es pas enlevé tout entier ;
» j'ai respiré ton souffle ; ton âme s'est mêlée à
» la mienne, et elles ne quitteront ma dépouille
» mortelle que pour rester confondues dans
» l'éternité.

» Plaintive tourterelle, qui d'un vol inquiet
» parcourt les branches de ces noirs cyprès, tu
» cherches peut-être le compagnon qu'on t'a
» ravi. Joins tes accens mélancoliques aux expres-
» sions de ma douleur : ainsi que toi, mes pensées
» errent sans cesse autour de cette tombe.

» Le vent s'élève : il semble gémir en péné-
» trant l'épais feuillage ; il courbe ces pavots,
» et balance en murmurant leur tête élevée.

» Je veux les cueillir ces pavots ; j'en formerai
» un bouquet que je placerai sur mon cœur :
» peut-être leur vapeur soporifique endormira-
» t-elle mes sens et ma douleur.

» Qu'elle est heureuse cette rose qui s'épa-
» nouit à l'aspect du soleil levant! Elle ne sur-
» vit pas à ses derniers rayons. J'ai puisé la vie
» dans tes premiers regards; tu n'es plus, et
» moi j'existe encore!..... »

A ces mots, qui expirent sur ses lèvres, elle
tombe presque inanimée sur les marches du
monument; mais le souvenir de son fils la rend,
à la vie.

En cet instant, l'étoile du matin commence à
pâlir; une clarté plus vive s'élance de l'Orient,
brille à travers les vapeurs du matin, et semble
chasser devant elle les songes effrayans, les
ombres plaintives, les pâles craintes et les fan-
tômes qui assiégent l'imagination en proie à la
mélancolie.

Melica va quitter le tombeau. « Adieu, bril-
» lantes fleurs, adieu, sombre feuillage, s'écrie-
» t-elle : ce n'est pas pour long-temps que je
» vous quitte; demain, que dis-je, chaque
» matin vous me reverrez, et je reviendrai avec
» l'aurore mêler mes pleurs à sa bienfaisante
» rosée. »

Tout à coup le feuillage s'agite; une voix loin-
taine semble répondre aux derniers accens de
Melica; elle s'arrête stupéfaite, car elle a cru
reconnoître la voix de son amant; elle écoute,
et l'haleine des vents lui apporte ces mots : «Me-

» lica, sèche tes larmes, ton époux respire ; il
» vit pour t'adorer, tu le reverras bientôt, au-
» jourd'hui peut-être..... ce soir, sur la plage
» déserte, auprès de la caverne mystérieuse. »

C'est la voix de Fiorelli, elle ne peut en douter ; elle veut lui répondre ; mais le saisissement
la rend muette ; elle voudroit s'élancer vers lui,
ses genoux tremblans ploient ; elle touche le
gazon humide, et ne peut qu'étendre ses bras
vers le Ciel pour lui demander la confirmation
de son bonheur,

Cependant, pourquoi son époux ne s'est-il pas
montré?..... A-t-elle été abusée par une illusion trompeuse? ou peut-être son imagination
frappée lui a fait prendre ses vœux pour la réalité,
Elle reste long-temps dans cette incertitude douloureuse, et retourne enfin dans son habitation,
où elle compte avec anxiété toutes les heures de
cette longue journée.

Elle hésite encore lorsqu'elle voit la fin du
jour s'approcher. Se rendra-t-elle où son cœur
l'appelle? Peut-être un piége l'y attend, et que
lui importe? que craint-elle désormais? N'a-
t-elle pas perdu tout son bonheur? Que peut-il
lui arriver de pire? La mort! Elle l'a si souvent
désirée ; mais son enfant a besoin de ses soins
maternels : elle s'arrête indécise. Si cependant
son époux lui-même!..... Cette idée absorbe

toutes ses facultés, fixe ses irrésolutions ; elle
part précipitamment. Déjà elle étoit à la moitié
de sa course, sans s'apercevoir que des nuages
menaçans lui déroboient les derniers rayons du
soleil. Un vent impétueux s'élève, et fait jaillir les
flots sur le rivage ; à tout instant ils l'atteignent,
et semblent vouloir lui disputer le passage ; mais
rien ne l'arrête, un instinct secret la guide, la
pousse en avant. La tempête éclate, des torrens
de pluie s'échappent des nuages, l'eau se mêle
à la sueur dont ses cheveux sont trempés ; ils
sont rabattus sur son visage ; ses vêtemens, qui
sont pénétrés, glacent ses membres et embarrassent sa marche ; enfin, à l'aspect de la caverne, ses forces l'abandonnent, elle s'appuie
sur le même rocher, où, dans une situation
presque semblable, elle a été portée mourante
par son amant.

Hélas ! ce fut là que, rendue à la vie pour
connoître l'amour, le délire de la passion,
l'excès de la félicité, bientôt après elle a gémi
sur la perte de sa vertu. Tous ces souvenirs
pèsent sur son cœur, bouleversent ses sens ;
mais son trouble est à son comble, lorsque, à
travers l'obscurité, elle croit voir un homme
s'avancer lentement du fond de la grotte : il
approche, elle tressaille ; un éclair entr'ouvre
la nue ; son éclat brille sur le front de son

amant, et le lui fait reconnoître. Lui-même aperçoit Melica, et arrive assez à temps pour la recevoir sur son sein, car elle a succombé à tant d'agitations et de fatigues.

Elle fut long-temps privée de ses sens; enfin, les caresses de Fiorelli la rappellent à la vie : elle ouvre les yeux, mais ses yeux et son esprit égaré ne le reconnoissent plus. Est-ce un songe? dit-elle; où suis-je? dans le séjour des ombres bienheureuses? N'ai-je point vu...? Non, il ne se peut! N'est-il pas mort? ne m'a-t-il pas laissée seule sur cette terre mouillée de mes larmes? Ce n'est point sa voix que j'ai entendue ; c'est celle de la tempête, qui retentit encore dans mon cœur. D'ailleurs, si c'étoit lui, m'eût-il abandonnée une seconde fois? ne sait-il pas que son fils n'a pas reçu ce soir les baisers de sa mère ? Il ne s'est point endormi sur mes genoux. Le pauvre enfant ! Il m'appelle..... Ah ! j'y vais, j'y cours. Où m'a égarée une fausse espérance ? J'ai tout bravé, la nature en courroux, la nuit. Maintenant où suis-je ? que me veut-on ? Et, s'adressant à Fiorelli, qu'elle ne reconnoît pas : Bon Moraïte, lui dit-elle, qui t'a appris que j'étois ici? Ah!.... tu as pensé que j'avois besoin de ton bras pour me soutenir. En effet, je suis bien fatiguée ! Aide-moi..... Marchons.... Je ne puis ; mes forces m'abandonnent, et cependant il faut bien que j'aille embrasser mon fils qui m'attend sans doute pour se livrer au sommeil. Et moi aussi, je vais bientôt m'endormir. Il est vrai que ce sera du sommeil de la mort...... Mais ta main innocente viendra répandre quelques fleurs sur ma tombe. J'en ai tant, et si souvent, parsemé celle de l'ingrat qui m'abandonne ! Paix ! n'est-il pas ton père ? Prie pour lui et pour moi......

Fiorelli maudissoit son imprudente impatience ; il cherchoit, par ses caresses et ses discours, à ramener le calme dans le cœur de sa trop sensible amie, et à dissiper le trouble dont son esprit étoit agité ; mais elle ne répondoit que machinalement à ses soins empréssés, vouloit lui échapper, et s'efforçoit de hâter sa marche pour se rapprocher de son habitation.

Aussitôt qu'elle en aperçut le faîte, elle quitta le bras de son amant ; et, malgré sa fatigue, l'agitation de ses sens lui donne de nouvelles forces : elle s'élance, en courant à travers la vallée, arrive et tombe exténuée auprès du berceau de son fils.

Fiorelli, n'osant suivre Melica jusque dans sa retraite, en parcourut pendant quelque temps les alentours, écoutant si rien d'extraordinaire ne lui manifestoit le besoin de ses secours ; alors nulle considération ne l'eût arrêté, et, bravant tous les dangers, il se seroit livré lui-même à ses ennemis. Cependant, pour éviter de nouvelles alarmes à sa malheureuse amie, il réfléchit à sa propre situation, regretta d'avoir abandonné si long-temps ses compagnons de voyage, qui, seuls, pouvoient lui servir de garans. Il dirigeoit déjà sa marche vers l'endroit où ils l'attendoient sans doute avec la plus vive impatience, lorsqu'il aperçut, à travers l'obscurité, plusieurs gens armés. Il est obligé, pour les éviter, de tourner vers le rivage, se hâtant de regagner la caverne qu'il venoit de quitter, et où il croit être à l'abri de toute recherche.

Il avoit déjà été reconnu dès le matin par un Moraïte qui avoit donné l'éveil à ses compatriotes, en mettant le feu aux signaux disposés à cet effet à la sommité des rochers; cette annonce d'un imminent danger, ou de quelque événement extraordinaire, avoit attiré et rassemblé les habitans des environs, qui tous se dirigeoient vers les mêmes souterrains où nous les avons vus jurer la perte du coupable Vénitien.

Celui-ci, retiré dans la grotte mystérieuse, alloit s'y livrer au repos en attendant qu'il pût trouver le moyen de rejoindre ses compagnons, lorsqu'il entendit le bruit des pas d'une troupe nombreuse qui s'avançoit vers sa retraite; il cherche un renfoncement qu'il avoit remarqué, et où il espère pouvoir se cacher; les Moraïtes avancent de ce côté; il recule toujours, trouve un passage étroit, tortueux, et croit voir son salut dans cet heureux hasard; mais il entend qu'on le suit par le même chemin; et, malgré l'obscurité, il précipite sa marche : enfin, une foible lueur, qui apparoît dans le lointain, le guide et l'attire. Une réflexion l'arrête : Ne va-t-il pas se livrer lui-même à ses persécuteurs ? Il hésite s'il doit avancer davantage. Les gens qui le suivent ne lui laissent pas le choix : entre deux dangers également redoutables, il préfère le plus éloigné. Le passage s'élargit, et une pente douce le mène enfin dans une vaste salle, où il voit, à la lueur des flambeaux, un rassemblement de Moraïtes qui jettent des cris d'étonnement et d'une joie féroce à l'aspect inattendu de leur victime. Ils l'entourent en tumulte, l'accablent de leur nombre, le chargent de liens et d'outrages : tous sont d'avis de mettre à exécution un jugement trop long-temps retardé, et que la Providence semble approuver en leur livrant leur ennemi.

Le Malvoisien, qui avoit joué le principal rôle dans l'expulsion des Vénitiens, ayant acquis un grand crédit dans la peuplade depuis la mort de Romeco, et qui espéroit lui succéder en épousant sa fille, devint ici l'accusateur de Fiorelli : il rappelle les bontés hospitalières dont Romeco avoit comblé le perfide étranger, l'ingratitude dont il l'avoit payé, sa fuite, sa réunion avec leurs ennemis, le piége horrible dont le chef et une partie des Moraïtes avoient été victimes ; enfin, son apparition furtive dans ces lieux souillés par ses crimes, annonçoit qu'il venoit en commettre de nouveaux ; mais la Providence avoit permis que, tombé dans ses propres filets, il vînt chercher une punition si bien méritée.

Le Malvoisien conclut à l'exécution de l'arrêt de mort prononcé par les anciens de la peuplade ; et, faisant briller l'homicide candgiar aux yeux de l'assemblée, il fait retentir le cri de vengeance.

Fiorelli veut répondre à ses accusateurs, leur découvrir la vérité, leur épargner un crime...... Les préventions sont trop fortes ; la haine a jeté de trop profondes racines, et de nouveaux cris de vengeance s'élèvent contre lui. Cependant on décide que le jour doit éclairer son supplice. C'est, aux yeux de toute la peuplade assemblée, et sur la tombe de Romeco, que son meurtrier doit perdre la vie. Après lui avoir ôté tout moyen de salut, et posté quelques gardes chargés de veiller aux issues de la caverne, les Moraïtes se retirent en le chargeant de menaces et de malédictions.

Resté seul, Fiorelli promène ses regards sur ces horribles lieux éclairés par une lampe, jadis consacrée aux cérémonies funéraires ; il aperçoit sur la table de pierre des traces de sang ; c'est celui que l'implacable Romeco a répandu, et qui a scellé le serment de mort juré contre l'innocent fugitif. A cette vue un froid mortel le saisit ; de lugubres pensées l'obsèdent....... Si près du bonheur, de sa tendre épouse, de son enfant ! car il avoit entendu Melica prononcer, au milieu de ses gémissemens, le nom de l'innocente créature qui leur doit l'existence..... Et il va périr victime d'un crime involontaire, qu'il venoit réparer par le don de sa main et le dévouement de sa vie entière au bonheur des Moraïtes !

Les heures silencieuses de la nuit s'écoulent, marquées par une succession d'idées sinistres ; enfin, il entend retentir, dans les détours de ces lieux souterrains, les pas et les vociférations d'une foule impatiente ; et, croyant inutile désormais de faire de nouveaux efforts pour leur expliquer sa triste destinée, il se prépare à subir son sort avec courage et résignation.

La nuit avoit été sans repos pour Melica ; un affreux délire ne lui avoit pas permis de rassembler ses idées, lorsque les premiers rayons du jour vinrent éclairer le berceau de son enfant, qui lui sourit en lui tendant les bras. A cette douce vue elle sort de sa longue agonie; ses sens se calment : elle interroge sa mémoire; le souvenir de l'apparition de son amant la frappe; ses pensées s'éclaircissent de plus en plus; et, pour se convaincre de la réalité de cette vision, elle sort de sa retraite, interroge ceux qu'elle rencontre; ils la fuient, ou lui répondent en hésitant.... Elle entrevoit l'horrible vérité qu'on veut encore lui dissimuler, leur redemande à grands cris son époux, et court éperdue.

On entraînoit Fiorelli vers le lieu de son supplice; Melica perce la foule, pénètre jusqu'à lui, l'entoure de ses bras, le baigne de ses larmes, et se tourne vers ses bourreaux : « C'est moi, » s'écrie-t-elle, c'est mon père que vous vou-» lez venger; eh ! ne lui ai-je pas déjà par-» donné, et du haut du ciel Romeco lui-même, » oubliant toute haine, ordonne la miséri-» corde.... D'ailleurs, êtes-vous certains qu'il » est coupable ? S'il l'étoit, seroit-il revenu » parmi nous, seul, désarmé, sans méfiance ? » Il accouroit, je n'en doute pas, pour expier » ses torts, si toutefois il en a eu; il venoit, » mon cœur me le dit, pour me rendre l'hon-» neur, et pleurer avec moi sur le tombeau de

» mon père : impitoyables, sourds à mes prières,
» si vous le sacrifiez, pensez-vous que je lui
» survive ; mon sang, le sang innocent de mon
» fils se mêlera à celui de mon époux, et retom-
» bera sur vos têtes coupables...... »

Un mouvement subit agite l'assemblée : des clameurs éloignées se font entendre, et l'on voit accourir à travers la campagne deux Moraïtes haletans et couverts de poussière ; ils agitent au-dessus de leur tête la toile déployée de leur coiffure ; la foule s'ouvre à leur passage : ce sont les compagnons de Fiorelli qui s'écrient, avec l'expression la plus franche et la plus énergique : « C'est notre sauveur, notre » ami, notre frère que vous allez assassiner; » nous sommes ses garans, et nous offrons » notre vie, si nous ne prouvons pas son in- » nocence. » Alors ils racontent quel est le motif généreux qui a engagé Fiorelli à quitter la vallée hospitalière, la violence qui lui a été faite par son père, son voyage à Venise, dont leur délivrance a été le fruit ; enfin son arrivée dans la Morée, guidé par le seul désir de consacrer sa fortune et son existence à sa chère Melica et à sa peuplade.

Ce témoignage non équivoque dans la bouche de leurs compatriotes, a porté la conviction dans l'âme de ces hommes irascibles, mais justes ; ils passent soudainement de la fureur à l'hilarité : ils alloient égorger Fiorelli ; ils le comblent de caresses, lui expriment leurs regrets, le délivrent de ses liens, et reconduisent les deux époux en faisant retentir les airs de cris de joie et de chants d'hyménée.

Le ruisseau qui embellissoit la prairie, et fertilisoit ses rivages, grossi par les torrens d'hiver, franchit ses bords, entraîne tout sur son passage, et couvre la plaine de débris et de deuil ; mais ces ravages ne sont que passagers : la chaleur printanière ayant achevé de tarir la surabondance des eaux, elles rentrent dans leur lit accoutumé, retrouvent leur transparence, et coulent paisiblement au milieu des gazons et des fleurs qu'elles font renaître.

C'est ainsi que la vie des amans dont nous venons de tracer les infortunes, après avoir été éprouvée par des revers momentanés, va reprendre sa sérénité primitive, et s'écouler dans la paisible jouissance d'un bonheur qu'ils vont partager avec tout ce qui les entoure.

Après s'être unis par des liens consacrés par la religion, Fiorelli et Melica réalisèrent les projets du vertueux Romeco, en faisant jouir ses compatriotes des fruits de la civilisation ; ils leur procurèrent l'aisance sans trop étendre leurs besoins, respectèrent leur croyance en les faisant renoncer aux pratiques superstitieuses ; ils adoucirent leurs mœurs, sans leur ôter la franchise et la naïveté ; enfin ils n'éclairèrent leur esprit qu'autant qu'il le falloit pour ne pas corrompre leur cœur ; et, leur faisant goûter les charmes de la vertu, ils assurèrent leur félicité.

Le conteur grec termine par cette péroraison : « Maintenant que nous avons conduit le couple fortuné à travers les dangers et les vicissitudes dans le port secourable qui étoit le terme du voyage de leur jeunesse, tranquille sur leur sort, nous allons nous reposer nous-même, et reprendre haleine, car il nous reste à fournir la suite de nôtre carrière ; en effet, que l'on ne croie pas que l'ange du bonheur, qui plane en ce moment sur cet heureux coin de terre, n'ait plus à combattre le ténébreux Esraïl qui lui dispute sans cesse la destinée des mortels : il doit même un jour avoir l'avantage ; si l'on en juge par les traces de dévastation qui nous entourent : les eaux de cette fontaine, si pures autrefois, sont obstruées dans leur cours ; les arbres que l'on ne taille plus, offrent à peine assez de fruits pour rafraîchir le voyageur égaré dans ces solitudes ; enfin cette maison qui a été habitée par la paix et le contentement, tombe en ruine, et ne sert plus d'asile qu'aux animaux sauvages et malfaisans.

» Une autre fois vous apprendrez la cause de tous ces désastres, si mon premier récit vous a offert quelque intérêt, et que vous m'en demandiez la suite ; en attendant, que Dieu vous conduise, que toutes les portes de la félicité vous soient ouvertes, et que vos songes même ne vous offrent que de flatteuses illusions. »

C'est ainsi que les conteurs de l'Orient soutiennent l'attention de leurs auditeurs, en promettant la suite des aventures de leurs héros ; ils font durer leurs histoires aussi long-temps qu'ils le peuvent, s'assurant par ce moyen un nombreux auditoire, et des rétributions proportionnées à l'intérêt qu'ils ont su inspirer. On juge bien que nous n'avons pas voulu courir le risque d'un nouveau conte, qui n'auroit peut-être pas été encore le dernier ; nous avons donc remercié le lafasan ; chacun de nous lui ayant donné quelques paras, il s'est levé, a repris son manteau ; et, jetant sa mandoline en bandoulière sur son épaule, il s'est remis gaiement en route pour aller enchanter, ou, ce qui revient souvent au même pour eux, endormir les Turcs désœuvrés qui habitent Malvoisie.

LETTRE XI.

Musique vocale des Grecs.

Quoique contrariés dans nos projets, retenus loin du but de notre voyage, et impatiens de remettre en mer, nous passons néanmoins notre temps agréablement; nous faisons presque tous les jours des promenades à terre. Tantôt nous visitons d'anciens débris, dont nous cherchons à deviner le plan de construction et l'usage ; tantôt nous parcourons des vallées écartées, où la nature présente les accidens les plus variés ; les formes les plus âpres ou les sites les plus agréables. Nous allons aussi quelquefois à la ville de Malvoisie étudier les mœurs des habitans. Enfin, le soir, nous embarquant sur la chaloupe, nous parcourons les côtes, et les faisons reten- de nos chansons , tandis que le mouvement cadencé des rames marque la mesure.

Lorsqu'un vent léger ride la mer, nous nous abandonnons à l'impulsion de la voile, et écou- tons en silence la douce mélodie des hymnes que les Grecs adressent à la Vierge. Ces chants reli- gieux ont quelque chose de touchant dans leur simplicité ; ils donnent une idée des anciens airs grecs, dont ils conservent peut-être le caractère, de même que le grec vulgaire a retenu en partie la prononciation modulée et la douceur de la langue de Démosthène et de Pindare. Ce charme est dû à la mélodie plus qu'à l'harmonie. Les Grecs chantent rarement en *parties*, ou s'ils le font, le motif de l'air n'est point étouffé sous la richesse des accompagnemens. Ces motifs, je les ai retrouvés quelquefois en Italie, et même dans notre patrie : ce sont ceux qui se gravent dans la mémoire avec le plus de facilité, parce qu'ils sont d'une mélodie simple, et qu'ils expriment un sentiment. Mais l'avouerai-je ? lorsqu'en Grèce, dans mes promenades à la campagne à la fin d'un beau jour, j'entendois au loin les voix de quelques jeunes paysannes agenouillées devant une chapelle isolée, et ornée seulement de festons de jasmin et de bouquets qu'elles venoient de cueillir, alors je ralentissois mes pas, je craignois de troubler cet acte religieux, et me tenois à l'écart. Ces accords que la nature seule inspiroit, ces pieux accens qui sembloient traverser le vague de l'air pour arriver jusques à l'Eternel, me représentoient les concerts des anges ; j'étois attendri, et me joignois mentalement à leurs prières. Ce culte naïf m'inspiroit autant de respect que la plus pompeuse cérémonie. En effet, est-il un plus beau temple qu'une vaste contrée parée des bienfaits de la Divinité? Quelle est la voûte comparable à celle d'un ciel étoilé? Ce silence précurseur du repos de la nuit n'est-il pas plus touchant que les sons de l'orgue et d'un nombreux orchestre? Ces villageois, qui viennent remercier le Ciel d'une existence que la médiocrité de leurs désirs leur fait paroître si douce, ne valent-ils pas mieux, aux yeux de la Divinité, que ces riches fastueux qui paroissent dans les temples pour obéir à l'usage plutôt qu'à la voix de leur conscience? C'est moins dans les villes que dans les champs qu'il faut chercher la religion ; elle fuit le faste et le bruit ; elle aime la solitude et le recueillement.

La musique turque ou plutôt celle des Grecs modernes n'est sans doute, comme tous les autres arts, que la copie pâle et décolorée de la musique des anciens ; elle n'en produit pas moins chez eux de vives impressions, qui sont même partagées jusqu'à un certain point par les étrangers ; et miladi Montague, qui en avoit fait une étude particulière, la préféroit même à la musique italienne.

Nous pourrions expliquer cette espèce d'engouement, en supposant que l'une est le produit des combinaisons les plus savantes de l'art, tandis que l'autre, tout en oubliant les règles, a con-

servé l'inspiration de la nature, dont on retrouve
en quelque sorte le cri plutôt que le chant. En
effet, il y a plus de véritable mélodie que d'harmonie dans la musique des Orientaux, et c'est ce
qui en fait le plus grand charme. Le chant surtout possède cet avantage, qui doit être mieux
apprécié, que nous ne pouvons le faire, par ceux
qui comprennent la langue.

En effet, les plus beaux accords, dit Jean-
Jacques Rousseau (1), ainsi que les plus belles
couleurs, peuvent porter aux sens une impres-
sion agréable, et rien de plus ; mais les accens
de la voix passent à l'âme, car ils sont l'expression naturelle des passions, et, en les peignant,
ils les excitent. C'est par eux que la musique
devient oratoire, éloquente, imitative ; ils en
forment le langage. C'est par eux qu'elle peint
à l'imagination les objets, qu'elle porte au cœur
les sentimens. La mélodie est dans la musique
ce qu'est le dessin dans la peinture ; l'harmonie
n'y fait que l'effet des couleurs ; c'est par le chant,
non par les accords, que les sons ont de l'expression, du feu, de la vie ; c'est le chant seul
qui leur donne les effets moraux qui font toute
l'énergie de la musique. En un mot, le seul phy-

----

(1) J. J. Rousseau, *Œuvres complètes*, vol. XVI, *Exam. de
deux principes*.

sique de l'art se réduit à bien peu de chose, et l'harmonie ne passe pas au delà.

Je ne citerai qu'un trait de l'influence de la musique sur les Orientaux, et il faut que le pouvoir qu'elle exerce sur leurs cœurs soit bien puissant, pour avoir touché celui d'un conquérant. Le cruel Amurat, ayant assiégé et pris Bagdad, donna ordre d'égorger trente mille Persans qui avoient mis bas les armes (1). Dans le nombre de ces malheureux il se trouvoit un musicien, qui supplia l'officier turc de suspendre pour un moment sa mort, et de lui permettre de parler à l'empereur. On le mena en présence d'Amurat, qui lui demanda ce qu'il avoit à dire. « Très-
» sublime empereur, dit-il, ne souffre pas qu'un
» art aussi excellent que l'est la musique, périsse
» aujourd'hui avec Schahculi ; je n'ai nul regret
» à la vie, pour la vie même, mais seulement
» pour l'amour de la musique, dont je n'ai pu
» atteindre encore toutes les profondeurs. Laisse-
» moi travailler à me perfectionner dans cet art
» divin ; et si je suis assez heureux pour arriver
» au point où j'aspire, je me croirai mieux par-
» tagé que si je possédois ton empire. »

On lui permit de donner un essai de ses talens. Aussitôt, semblable au chantre d'Ilion, il

____

(1) Cantemir, *Histoire Ottomane.*

prit un scheschdar (1), et, accompagnant sa voix
decet instrument, il chanta d'un ton si pathé-
tique la prise tragique de Bagdad et le triomphe
d'Amurat, que ce prince fondit en larmes, et
continua d'être attendri aussi long-temps que le
musicien se fit entendre. L'empereur, à sa considération, ordonna non seulement qu'on sauvât
la vie à ceux qui n'étoient pas encore exécutés,
mais de plus qu'on leur rendît la liberté. Amurat
voulut retenir le musicien auprès de lui, et en
fit un très-grand cas.

____

(1) Sorte de psaltérion qui ressemble à la harpe, et qui a six
cordes de chaque côté.

LETTRE XII.

Ile d'Hydra.

Départ de Napoli de Malvoisie. — Côtes de l'île d'Hydra;
signaux de nuit. Vue et description de la ville; cérémonies
pratiquées au départ des bâtimens d'Hydra. Mœurs et
costume des habitans de cette île. Notions intéressantes
données par un homme de lettres, Grec d'origine.

Nous sommes enfin partis de Napoli de Malvoisie, laissant à notre droite les îles de Bella-
poulo, Caravi et Falconera. Nous découvrions
déjà Milo lorsque, le vent tournant tout-à coup,
nous nous sommes vus forcés de courir vers
Hydra(1), dans la crainte de rétrograder. Bientôt
après, un calme plat nous a surpris sur les côtes
de cette dernière île, à la vue du Mont-Hymette
et des côtes de l'Attique. Comme le port d'Hydra

____

(1) L'île d'*Hydra* est peu célèbre dans la Géographie ancienne.
Hécatée le Milésien, dans sa *Description de l'Europe*, l'avoit
appelée *Hydrea ;* mais Strabon, Pomponius-Méla, Pline et Ptolomée n'en ont fait aucune mention. Pausanias l'a nommée, mais
sans rien ajouter, sinon qu'elle est voisine de la côte sur laquelle
Hermione étoit située. Etienne de Bizance paroît en avoir assez mal
connu la position, puisqu'il la donne comme placée en face de
Trézène. Ce que le lexicographe dit de plus se réduit à nous
apprendre que les habitans s'appeloient *Hydréates*, et qu'*Hydra* fut

n'étoit pas très-éloigné, pour y arriver l'on a
lancé les chaloupes à la mer, et les matelots se
sont mis gaiement à ramer, en se relayant alternativement. Nous avancions cependant avec len-
teur, et cette manœuvre a duré toute la nuit.
Nous avons remarqué plusieurs feux qui paroissoient se correspondre, et qu'on a jugés, avec
raison, être des signaux. Les habitans d'Hydra
attachent à la cime de quelques grands arbres
ou de perches plantées sur les rochers les plus
élevés, des fagots de bruyère ou de branches de
bois résineux, auxquels ils mettent le feu dans
certaines circonstances. En ce moment ce signal,
nous a-t-on dit, devoit prévenir les vaisseaux
hydriotes de tenir la mer, et de s'éloigner de
l'île pour s'exempter du tribut, et surtout de la
levée de matelots que vient faire tous les ans le
capitan-pacha : on attendoit la flotte, qui étoit
alors en tournée dans l'Archipel pour cet objet.

Ce n'est qu'à la pointe du jour que nous avons
découvert la ville d'Hydra, qui présente un

---

la patrie d'*Enagès*, qui (selon le témoignage d'un écrivain grec,
auteur d'une *Histoire de la Musique*, dont il ne nous est parvenu
aucun fragment), étant né dans l'état de simple berger, sans éducation et sans lettres, n'avoit pas laissé de devenir un bon poëte
comique. Des voyageurs modernes, tels que le docteur Chandler,
MM. Pouqueville et Fauvel, ont donné sur *Hydra* quelques notions
géographiques; et M. Barbié du Bocage nous indique que la latitude
a été observée par Beauchamp, à 37° 20' 33".

Pl. 5.

Castellan del. et Sculp.t

Vue de la Ville d'Hydra (Ile d'Hydra.)

aspect fort pittoresque (*Planche XV*); elle est construite sur plusieurs rochers pyramidaux, qui forment amphithéâtre autour du port, et portent, sur leur cime, des moulins à vent d'une structure particulière, et armés de six à huit ailes. Les maisons sont presque toutes bâties en pierre, et à peu près sur le même plan; elles sont carrées, percées d'un petit nombre de fenêtres, et n'ont guère qu'un étage; quelques unes sont couvertes de toits à l'italienne; mais la plupart se terminent en terrasse : elles sont enduites de chaux; cet enduit leur donne un air de propreté, et les détache nettement du fond de verdure qui les environne, et de la teinte brune du rocher qui leur sert de fondement. Le port est petit, mais profond et bien abrité; les vaisseaux peuvent approcher au bord du rivage, et s'amarrer aux quais, qui sont beaux et construits avec d'autant plus de solidité, que le roc en forme le soubassement. On y distingue des galeries couvertes, servant de promenade, et où sont des magasins bien fournis.

Au moment où nous jetions l'ancre, plusieurs bâtimens hydriotes mettoient à la voile : tout étoit en mouvement; le quai étoit bordé d'habitans; des femmes garnissoient les hauteurs, agitoient leurs schalls, et par des cris répétés, par des signes expressifs, faisoient leurs adieux à leurs maris ou à leurs amans. Pour les apercevoir plus long-temps, elles montoient successivement sur les lieux les plus élevés. Les bâtimens étoient pavoisés : des *papas* alloient de l'un à l'autre dans des chaloupes ornées, donner leur bénédiction, asperger le pont, et faire des prières pour l'heureux succès du voyage : officiers, matelots, passagers, tous étoient à genoux, à la proue, devant l'image de la *Panagia*, entourée de cierges et de fleurs. Cette cérémonie paroissoit se faire avec beaucoup d'ordre et de recueillement; et quand les prêtres se rembarquoient dans les chaloupes, on les saluoit par des salves d'artillerie, auxquelles répondoit le carillon des cloches des églises.

Notre qualité de Français nous a procuré un accueil peu favorable. Aussitôt que nous avons touché la terre, une foule d'enfans nous a assaillis à coups de pierres, et poursuivis jusqu'à un café où nous nous sommes réfugiés.

Nous avons demandé la cause de cette réception inhospitalière : on nous a dit que les Hydriotes, ayant apporté du blé à Marseille, dans le temps de la disette, avoient été assez mal payés. Je ne sais jusqu'à quel point il faut ajouter foi à cette inculpation; car, depuis cette époque, les habitans d'Hydra sont plus riches, et ont augmenté le nombre de leurs vaisseaux. Notre capitaine les a menacés de la colère du capitan-pacha; mais ils n'en ont tenu aucun compte. Il paroît qu'ils craignent peu les Turcs. Le capitaine s'étant transporté chez les magistrats de la ville, pour se plaindre de l'insulte qui nous avoit été faite, on s'est contenté de nous offrir des gardes pour nous accompagner, sans réaliser cette offre. Nous avions, comme vous savez, perdu au cap Saint-Ange une ancre qui nous étoit fort utile; nous désirions la remplacer à Hydra, et le capitaine en fit la demande au nom de la Sublime-Porte. Les Hydriotes ont répondu qu'ils consentoient volontiers à nous la fournir, pourvu qu'on leur en payât la valeur en argent; ils ont refusé des bons sur Constantinople. On leur a dit de réfléchir à ce refus, qui pouvoit les compromettre : on a insisté pour avoir une prompte décision, le vent nous étant favorable, et la mission dont nous étions chargés ne pouvant souffrir de délai; ils ont répondu gravement: *La mer vous est ouverte.* On leur a encore fait observer qu'ils se rendoient par là responsables des événemens fâcheux qui, faute de cette ancre, pouvoient nous arriver. *Dieu est bon; il vous conduira,* ont-ils répondu, toujours avec le même sang froid et le même laconisme : c'est là tout ce qu'on a pu tirer d'eux

Nous avons été visiter la principale église

(*Planche XVI*), dont l'aspect nous avoit frappés en entrant dans le port. C'est un bâtiment en forme de parallélogramme, isolé et renfermé dans un cloître de la même forme, percé d'arcades soutenues par des colonnes. Ce cloître sert de logement aux prêtres : on monte plusieurs marches pour arriver au péristyle de l'église, qui est également orné de colonnes de marbre blanc, lesquelles soutiennent des voûtes d'arête : la façade est percée de trois portes. En entrant, nous avons été surpris et enchantés de la magnificence de l'église. Le maître-autel, la chaire, les stalles, sont dorés et sculptés avec délicatesse ; le sanctuaire est séparé de la nef par une espèce de grille ornée de pilastres de marbre, et de riches arabesques en bois, où sont encadrés des tableaux et images de Saints, dont quelques uns sont peints sur des fonds également dorés. Ces tableaux qui paroissent anciens, sont d'un dessin médiocre ; mais les figures ont quelque style, sont bien drapées, et les couleurs surtout nous ont paru d'une conservation parfaite. Ils sont peints en détrempe revêtue d'un beau vernis. Cette manière de peindre, qui étoit celle des siècles antérieurs à la découverte de la peinture à l'huile, et peut-être celle de l'antiquité, est encore pratiquée dans tout le Levant. Il existe, au dessus des portes et sur les côtés de l'église,

Eglise grecque à Hydra.

des tribunes élevées et fermées, qui sont destinées aux femmes. Le jour ne pénètre qu'à travers
des vitraux dépolis.

Depuis long-temps nous n'avions vu de temple
avec les attributs du culte chrétien. En entrant
dans celui-ci, nous avons été pénétrés de respect : le silence qui y régnoit, la vue d'objets
sacrés, éclairés d'un jour mystérieux, le parfum
de l'encens, tout contribuoit à nous inspirer des
sentimens de pitié, de recueillement et de com-
ponction.

L'aspect extérieur de cet édifice est agréable ;
il est bâti dans de justes proportions : le clocher,
qui se trouve au dessus de l'entrée, à la manière
italienne, est élégant ; il paroît presque tout
construit en marbre. Le dessin du cloître qui
entoure l'église est simple, ainsi que le plan
général de ce monument, qui, par l'effet d'une
sage distribution, paroît plus vaste qu'il ne l'est.

Nous nous sommes procuré d'excellentes provisions, en les payant, il est vrai, fort cher.
Réduits depuis quelque temps à vivre de biscuit
de mer, le pain d'Hydra nous a paru délicieux ;
il est d'un beau blanc, savoureux, et même un
peu sucré. Nous l'avons fait néanmoins passer
deux fois au four ; car pour l'ordinaire dans le
Levant, le pain est à peine cuit, et presque sans
levain. Le vin nous a paru aussi fort bon. Quant

à l'eau, il a été impossible de nous en procurer en assez grande abondance ; celle qui existe dans des citernes ou des puits, est en petite quantité et à peine suffisante pour la consommation des habitans : aussi avons-nous envoyé nos chaloupes en chercher en terre ferme.

On nous a parlé d'un puits renommé, qui se trouve hors de la ville, et à une grande élévation ; nous y avons été : il paroît être l'ouvrage des anciens ; il est vaste, profond, construit solidement, et disposé de manière à permettre d'y descendre dans certaines occasions. Lorsque nous y sommes arrivés, il étoit entouré de femmes qui y puisoient de l'eau, à force de bras, dans des vases de cuivre attachés à l'extrémité de longues cordes. Parmi ces femmes, il y en avoit d'assez jolies ; mais elles étoient toutes extrêmement brunes. Leur costume n'a rien de particulier, si ce n'est qu'elles vont le visage découvert, et qu'elles ne portent qu'un grand voile qui, posé sur leur tête, s'attache seulement sous le menton, et tombe en larges plis derrière leurs épaules.

Nous avons remarqué avec surprise des enfans déjà grands, qui couroient absolument nus sur le rivage, et notre étonnement a redoublé en voyant de jeunes filles de huit ou neuf ans, qui n'avoient d'autre vêtement que leurs longs cheveux. Elles se mêloient aux jeux des jeunes garçons, plongeoient dans la mer, nageoient fort bien, et, pour se sécher, venoient se rouler dans le sable ; aussi, leur peau, exposée continuellement au soleil, étoit-elle presque noire.

L'île d'Hydra diffère de la plupart des autres îles de la Grèce, où l'on ne trouve qu'un peuple dégénéré et rampant sous une domination étrangère, pauvre au milieu d'un pays riche, triste et maladif sous un climat balsamique. A Hydra, on reconnoît le caractère grec dans toute son énergie : les Hydriotes sont gais, vigoureux et actifs. Leur ville s'agrandit tous les jours ; les maisons, propres, aérées, font présumer une honnête abondance, et même un certain luxe. On y voit des magasins remplis des produits de l'industrie et du commerce ; un temple d'une architecture élégante, revêtu de marbre, et dont l'intérieur est richement décoré. Une foule de vaisseaux remplissent le port, visitent fréquemment les côtes voisines de l'île, ou vont porter au loin les productions de l'Europe, de l'Asie, de l'Afrique, et même les riches superfluités de l'Inde. Ce sont les Hydriotes qui approvisionnent Constantinople et les Echelles du Levant ; qui font jouir la patrie commune des biens dispersés dans ses colonies : ils y apportent les oranges de Malte, les parfums et le café de l'Arabie, le riz d'Egypte, l'*uva passa* de Zante, l'huile d'Italie et de Provence, les dattes de l'Asie mineure, les produits des manufactures de France, et les colifichets de Venise: ce sont eux enfin qui font le commerce presque exclusif des grains. Les Hydriotes, à peu près indépendans, ne paient qu'un foible tribut à la Porte-Ottomane. Les Turcs retirent trop d'avantages de ce pays, pour songer à l'asservir entièrement. Hydra et Ipsera, autre île indépendante (1), leur fournissent leurs meilleurs matelots, et même la plus grande partie de leurs officiers de marine. Ces insulaires, faisant toute leur vie le commerce du cabotage, connoissent parfaitement les côtes de la Méditerranée, et acquièrent, dans ces voyages d'autres connoissances pratiques assez étendues. Il est vrai que la théorie leur manque, et qu'ils se hasardent rarement en pleine mer; mais cela, je crois, tient plus à une habitude qui leur a été transmise de temps immémorial, et à la petitesse de leurs embarcations, qu'à une pusillanimité dont on ne peut guère les accuser. En diverses circonstances, ils ont montré beaucoup de courage et de présence d'esprit.

---

(1) On peut voir les détails que M. Pouqueville donne sur cette petite île de l'Archipel, tom. Ier, chap. xlvii, pag. 525.

Telle est la différence des Grecs d'Hydra avec leurs voisins de terre-ferme : telle est l'influence du gouvernement sur les mœurs et la félicité des peuples. L'Hydriote travaille pour lui - même, trouve dans sa patrie un refuge assuré ; il n'est pas troublé dans la jouissance de la fortune qu'il a acquise par son industrie. Cette île est un rocher stérile ; il n'y existe ni bosquets ni jardins , pas même un ruisseau ; néanmoins on y remarque avec surprise et intérêt un peuple intelligent, actif et heureux. Le Turc, avare et insouciant, meurt de misère et d'ennui au milieu des trésors d'une nature libérale , et le Grec libre convertit ses rochers en une mine féconde.

Nous croyons faire plaisir à nos lecteurs en rapprochant de notre description de l'île d'Hydra les notions intéressantes qu'a données, sur cette île, un homme de lettres, Grec d'origine, mais naturalisé Français , dont le mérite est bien connu. Voici une partie de ce qu'on lit dans un opuscule de M. Coray, publié il y a quelques années (1).

« Avant la guerre de 1769, entre les Turcs et

_____

(1) *Mémoire sur l'état actuel de la civilisation dans la Grèce*, lu à la Société des Observateurs de l'homme, le 16 nivose an XI (6 janvier 1803), par Coray, docteur en médecine , et membre de ladite Société , pag. 23 et suiv.

les Russes, les insulaires de l'Archipel ne commerçoient qu'avec des vaisseaux de médiocre grandeur. Accoutumés à faire le cabotage d'île en île, leurs plus longs voyages se bornoient à la mer Noire ou à l'Egypte. Mais à cette époque, une nouvelle direction du commerce, de nouvelles richesses répandues parmi la nation, et la diminution d'autorité du gouvernement turc, ont inspiré à quelques insulaires l'idée de fabriquer des vaisseaux marchands à l'imitation et à la manière des Européens. Soit ignorance, soit mépris, soit enfin le besoin et la commodité de trouver chez les Grecs, pour l'armement de la marine turque, les matelots que l'on chercheroit en vain chez cette nation, la Porte, quoique naturellement ombrageuse, n'a fait aucune attention à la naissance de cette marine marchande; bien plus, on prétend que dans le commencement elle l'a même en quelque sorte favorisée. Quoi qu'il en soit, la marine actuelle des îles n'appartient qu'à des Grecs, et, depuis les patrons jusques aux mousses, elle n'est montée que par des Grecs : de là les insulaires de l'Archipel, à parler en général, ont acquis une énergie d'âme inconnue à leur nation, depuis qu'elle a perdu sa liberté. Maîtres d'un grand nombre d'excellens voiliers fabriqués par leurs propres mains d'une manière aussi solide qu'élégante, et montés par des marins le plus souvent unis par le lien du sang, ou par des alliances, ils peuvent, à la moindre crainte d'une oppression extraordinaire, y embarquer le reste de leurs familles, et aller s'offrir à la première nation qui auroit le bon esprit d'accepter un présent de cette importance. Il n'y a pas long-temps que l'on a entendu dire par des capitaines de l'île d'Hydra, ce que Thémistocle, à la tête d'une armée navale, bien inférieure· assurément à la marine actuelle de ces insulaires, disoit à l'amiral corinthien, qui lui reprochoit la destruction d'Athènes par les Perses : *Nous aurons une terre et une patrie tant que nous serons en possession de deux cents vaisseaux armés.* (Hérodote, liv. VIII, pag. 61.)

» Parmi les insulaires possesseurs de vaisseaux, les habitans d'Hydra tiennent le premier rang; ils offrent à l'observateur des détails sur leurs réglemens de marine, sur leur manière de vivre et de se gouverner, soit pendant leurs voyages, soit dans l'île même, d'autant plus curieux que cés Hydriotes sont encore dans une profonde ignorance, malgré les efforts qu'ils font depuis quelque temps pour en sortir.

» Située au sud-est du Péloponèse, à environ trois lieues de la côte, l'île d'Hydra ne produit presque rien, et ses habitans cherchent d'autant moins à lui faire produire quelque chose, que par leur navigation ils sont en état de se procurer toutes les denrées nécessaires à la vie, souvent à meilleur prix qu'on ne peut les avoir dans le pays même d'où elles viennent.

» Jusqu'à l'époque de la guerre des Russes contre les Turcs, les Hydriotes, comme les autres Grecs, se bornoient au commerce de l'Archipel, de la mer Noire, et quelquefois de l'Egypte. Lorsque les Turcs rentrèrent en possession du Péloponèse, abandonné par les Russes, une très-grande partie des habitans de ce malheureux pays, pour se soustraire à la vengeance des Turcs, abandonna précipitamment ses foyers, et chercha son salut dans l'émigration, en se réfugiant où les circonstances et la position géographique permettoient à chacun de chercher un asile. Les voituriers de ces proscrits furent pour la plupart des Hydriotes, et l'île d'Hydra fut un des asiles où un très-grand nombre de Péloponésiens se rendirent avec leurs familles et tous les effets qu'ils n'étoient point forcés d'abandonner aux Turcs. Ces nouveaux colons, transportés d'un sol qui produit tout, sur un rocher couvert pour ainsi dire de bruyères, se virent réduits à l'unique ressource du commerce, et s'y livrèrent d'autant plus volontiers, qu'ils se trouvoient placés parmi des marins fort experts dans le cabotage, et dignes de toute leur confiance par une réputation de bonne foi justement acquise. Encore aujourd'hui, les capitaines Hydriotes ne connoissent guères, dans leur cabotage de l'Archipel, ce qu'on appelle, dans le commerce, les *connoissemens*. On leur confie des sommes considérables d'argent monnoyé, dans des sacs notés de la marque des propriétaires, et accompagnés d'une simple lettre d'avis. Arrivés au lieu de leur destination, ils distribuent les lettres et les sacs ; et, loin que l'on puisse citer aucun exemple de malversation, il est arrivé que des sacs d'argent restés, faute de réclamation, pendant deux et trois ans dans la caisse du capitaine, ont été rendus aux propriétaires, dans le même état qu'ils avoient été consignés.

» Enrichis par les événemens désastreux du Péloponèse, et par le commerce des nouveaux colons, les Hydriotes n'ont songé qu'à agrandir, à l'envi l'un de l'autre, leurs vaisseaux, et à entreprendre des voyages de plus long cours. On a vu ces nouveaux Argonautes dans tous les ports de l'Italie, de la France (qu'ils ont approvisionnés de blé dans le temps de la disette), de la Baltique, et jusques en Amérique. Ces voyages supposent au moins quelque instruction proportionnée aux périls d'une longue navigation. A proprement parler, ils n'en ont encore aucune : en attendant, ils y suppléent par des pilotes européens, mais seulement à l'égard des Echelles où ils abordent pour la première fois ; car ailleurs ils suppléent à l'instruction par le courage et la hardiesse, fruits des réglemens de marine qui leur sont propres, et d'une éducation singulière, vraisemblablement pareille à celle des anciens navigateurs grecs. Obligés d'en venir souvent aux mains avec les Algériens, contre lesquels le gouvernement turc ne peut et souvent ne veut point les protéger, les Hydriotes arment leurs vaisseaux en course. Chaque bâtiment porte depuis huit jusqu'à trente canons, et il est monté par un nombre de trente-cinq à soixante-dix hommes, tous ordinairement au-dessous de quarante ans, sans compter cinq ou six enfans, dont le plus âgé n'a que dix ans : on y en rencontre quelquefois même qui n'ont pas six ans. Après avoir prélevé les intérêts du capital employé pour la cargaison du vaisseau, la moitié des profits qui, depuis quelques années, ont été considérables, appartient au propriétaire du navire ; le reste est partagé par portions égales entre l'équipage, sans en excepter les enfans. Le but de ce partage est d'intéresser également l'équipage au succès du voyage, et, quant aux enfans, de les mettre en état de nourrir leurs familles s'ils venoient à perdre leurs pères, et de leur faciliter les moyens de se marier jeunes. En effet , par cette prévoyance , la population de l'île d'*Hydra* , depuis vingt-cinq ans, s'est accrue d'une manière extraordinaire. Les garçons s'y marient à dix-huit ou vingt ans, et les filles à douze. Il s'agit maintenant d'enseigner l'art, ou plutôt la routine de la navigation à cès enfans , qui doivent à leur tour devenir un jour pères de famille et capitaines de vaisseau. Or, voici comme on s'y prend : toutes les fois que l'on est à la vue d'une côte, d'un cap ou d'une île, on fait venir ces enfans sur le tillac, et on leur apprend les noms des lieux, ainsi que leur gisement à l'égard des points de l'horizon. A la première occasion que l'on a de revoir les mêmes objets, on met à l'épreuve la mémoire de ces intéressans enfans , et malheur à celui qui ne se trouve point en état de répéter les noms qu'on lui a appris ! On lui renomme les objets , et cette fois on fixe son attention par des coups de fouet.

» Les Hydriotes sont accoutumés à une vie extrêmement frugale ; aussi les provisions qu'ils font toutes les fois qu'ils quittent un port, se réduisent-elles à très-peu de chose, si on en excepte le vin, dont ils ont toujours soin de se pourvoir abondamment. Mais ce soin même ils le rendent bientôt inutile ; car il arrive le plus souvent qu'au sortir du port, ils consomment en trois jours la provision d'un mois. Disons, pour les excuser, que cet excès de vin ne les enivre point, ou du moins ne les enivre pas assez pour les rendre inattentifs à tout ce qui intéresse le succès du voyage ; et d'ailleurs ils se passent de vin, pour le reste de leur navigation, avec la même gaîté qu'ils avoient lorsqu'ils en abusoient. Cette facilité de supporter les extrêmes, qui tient du caractère français, est commune à presque tous les insulaires de l'Archipel.

» C'est dans les ports, ou lorsqu'ils sont de retour chez eux, que les *Hydriotes* vivent à leur aise ; c'est dans cette île stérile que chacun d'eux, d'après son goût, imite ou s'efforce d'imiter la manière de vivre des nations qu'il vient de visiter.

» Le luxe commence à s'introduire dans Hydra ; et tant qu'il sera alimenté par le commerce, sans l'épuiser, il augmentera de plus en plus leur civilisation et leurs lumières. Déjà l'on voit dans *Hydra* des maisons bâties avec toutes les commodités possibles, et des tables proprement servies chez des hommes qui vivent sur leurs vaisseaux à peu près comme des ermites, et qui se font un jeu de tout ce que l'intempérie de l'air et des saisons peut avoir de plus affreux.

» Si les *Hydriotes* ont commencé par introduire chez eux les commodités dont les Européens jouissent, ils n'en ont pas moins senti que
ces commodités étoient le fruit des lumières ;
aussi ont-ils établi dans leur île un collége où
l'on apprend le grec ancien, et plusieurs écoles
pour enseigner à lire et à écrire. Ils possèdent
maintenant un professeur de langue italienne,
qui, pour le moment, est la plus nécessaire. Ils
ont fait bâtir, près du port, un édifice qui leur
sert de chancellerie et de bourse, où se traitent
toutes les affaires relatives à la navigation et au
commerce.

» Sans doute ces faits attirent peu l'attention
des Européens, surtout des Français, entourés
d'universités, de colléges de toute espèce, de
lycées, de sociétés littéraires, de beaucoup d'é-
tablissemens publics pour l'instruction ; mais
ces mêmes faits frappent l'observateur qui, sachant que les *Hydriotes* ont été jusqu'ici la portion des Grecs la plus ignorante, compare ce
qu'ils sont aujourd'hui avec ce qu'ils étoient il
n'y a pas encore vingt-cinq ans, et qui, de ce
parallèle, tire des conséquences sur ce que la
Grèce peut et doit redevenir incessamment. »

LETTRE XIII.

Vue des côtes de l'Attique, du cap Sunium et du temple
de Minerve-Suniade.

En partant d'Hydra, et à peu de distance de
cette île, le vent est devenu contraire : l'on pré-
sumoit que nous reviendrions sur nos pas, ou
que nous relâcherions dans quelque port de
l'Attique, peut-être à Athènes. L'équipage en
avoit de l'humeur, tandis que cette espérance
nous combloit de joie. Nous jouissions déjà de
l'idée de jeter l'ancre dans le Pyrée, d'apercevoir les murailles qui l'unissent encore à la ville
d'Athènes, de contempler ce rocher qui supporte la citadelle dominée elle-même par le
temple de Minerve ; enfin cette foule de monumens auxquels se rattachent de si grands souvenirs. La nuit nous a surpris dans ces douces
illusions, et l'impatience nous a réveillés de
bonne heure : nous sommes accourus aussitôt
sur le pont ; mais voyant la joie des matelots,
les voiles orientées de manière à nous faire juger
que le vent étoit contraire à nos vœux, et favorable aux leurs, nous avons gémi de passer si

près du but désiré, et de ne pouvoir y atteindre. Cependant les premiers rayons du soleil, qui frappoient un promontoire élevé, nous ont encore fait distinguer les côtes de l'Attique : nous les avons longées quelque temps, et avons remarqué, avec autant de plaisir que de regret, le temple de Minerve-Suniade ; nous n'en étions qu'à une petite distance. Les colonnes de marbre blanc dont il est entouré, resplendissoient d'un vif éclat, se dessinant majestueusement sur un ciel dont l'azur étoit encore voilé au couchant. Le rocher sur lequel il est situé est stérile : nul arbre, et, pour ainsi dire, nulle verdure n'en pare les flancs. Sur la pente du côté de la terre ferme, on aperçoit quelques ruines qui paroissent désertes : du côté de la mer il est à pic. Ce temple isolé est assez bien conservé, à l'exception du faîte d'une partie des murs intérieurs, et de quelques colonnes qui sont abattues. Le caractère de solidité et de grandeur que conservent ces restes, fait juger de l'effet que le monument devoit produire lorsqu'il étoit entier, et qu'un bois sacré, planté sur le talus du promontoire, l'entouroit sans le cacher. Platon avoit choisi la plate-forme qui est devant le péristyle, pour expliquer à ses disciples les grands phénomènes de la nature. En effet, de ce lieu on doit découvrir un vaste horizon coupé seulement par les sommités d'îles lointaines. L'isolement de ce sanctuaire, consacré à la divinité protectrice d'Athènes, qui sembloit inspirer le divin Platon, le spectacle immense et imposant qui s'offroit aux yeux de ses disciples, devoient graver dans leur esprit ses leçons en traits ineffaçables, et les rendre immortelles comme la doctrine qu'il leur dévoiloit. Ce promontoire servoit aussi de phare aux navigateurs. Si, au milieu d'une nuit orageuse, le nautonnier égaré dans sa route, apercevoit tout à coup, à la lueur des éclairs, le faîte éclatant du temple, il devoit croire que la divinité secourable lui apparoissoit pour le rassurer et lui montrer le port; aussi ce sanctuaire étoit-il vénéré, et les marins ne passoient jamais à la vue du cap Sunium sans le saluer par des cris d'allégresse et de ferventes prières. C'est encore aujourd'hui un point de reconnoissance fort utile aux petits bâtimens, qui ne perdent qu'avec peine la terre de vue.

Nous désirions voir s'élever un orage qui forçât le bâtiment de relâcher à Athènes; mais, en dépit de nos désirs, le plus beau temps continuoit, le vent étoit impitoyablement favorable. Bientôt nous eûmes dépassé le promontoire: le temple disparut à nos yeux; et, avec la vue de ces intéressans objets, l'espoir de les considérer s'évanouit sans retour.

LETTRE XIV.

Tableau de l'Archipel ; les îles Macronisi ou Cranaë, Zéa, Gyaros, Négrepont ; digression au sujet de cette île. —Rocher du Caloyer. —Occupations des matelots grecs, à la fin du jour.

Depuis que nous sommes entrés dans l'Archipel, nous avons abandonné le gouvernail à nos Grecs ; et, quoique la navigation ne soit pas sans danger dans ce labyrinthe d'îles et de rochers, l'on a cru pouvoir se confier à leurs connoissances pratiques du gisement des côtes, des ports et des moindres attérages. D'ailleurs, la nuit ils diminuent de voiles, et à la plus légère apparence de danger ou de mauvais temps nous jetterions l'ancre. Le capitaine, et même les matelots, sont fiers de cette marque de déférence ; ils s'acquittent de leurs fonctions avec beaucoup d'importance, et le zèle semble avoir doublé leur activité naturelle.

J'ai déjà parlé de leur manœuvre ; elle contraste encore plus avec la nôtre depuis qu'ils l'exécutent à leur fantaisie. Tout se meut à la fois, sans ordre ni régularité : point de subordination ni de concert. Le porte-voix du capitaine et le sifflet du contre-maître retentissent constamment, et donnent souvent des ordres contraires. Le silence, si rigoureusement observé sur nos vaisseaux, leur est inconnu. Ils parlent tous à la fois, s'encouragent mutuellement par des cris, des gestes de forcenés; et, pour héler le plus petit cordage, ils accompagnent leurs efforts d'une espèce de chanson, dont les mousses répètent le refrain du haut des mâts. Cependant toutes les voiles sont tendues; on en ajoute même encore d'autres à l'extrémité des vergues : aussi, malgré l'irrégularité de la manœuvre, nous glissons rapidement sur les eaux à peine émues. Le flot se brise sur la proue, bouillonne sur les flancs du navire, se resserre derrière nous, et une nouvelle vague efface bientôt le sillage, qui n'a marqué qu'un instant notre route. C'est ainsi que l'empreinte des pas de l'Arabe dans le désert est effacée par les mêmes vents qui ensevelissent sous les sables les monumens des monarques inconnus de l'Egypte, tandis que le souvenir des vertus et du génie surnage, et bravera les siècles. L'organe délicat et fragile de la mémoire nous a transmis, comme il transmettra à nos descendans, les vertus de Socrate, le génie d'Homère et la gloire d'Alexandre. Faisons usage de cette faculté précieuse, et, au défaut de monumens, interrogeons nos souvenirs ; ils répandront de l'intérêt sur le reste de notre voyage. Si les lieux que nous visiterons ne nous présentent qu'une terre déserte, stérile, nous évoquerons ses anciens habitans ; nous nous entourerons en idée des productions de leur génie ou de leur industrie ; et tel rocher qu'on évite maintenant avec soin, nous présentera peut-être une époque mémorable, un fait important ou une anecdote curieuse.

Assis sur le tillac, les yeux fixés sur le promontoire de Sunium, qui va bientôt disparoître, j'éprouve, en quittant les côtes de la Grèce, les mêmes sensations et les mêmes regrets qu'en partant de France. Ce n'est, à ce qu'il nous semble, qu'à présent que nous entrons sur le domaine d'une contrée étrangère. Tant que nous voguions vers l'Attique, tout nous rappeloit notre patrie.

L'île de Cythère, et ses riantes fables, nous retraçoient les prestiges enchanteurs de nos jeunes années, et le pays des Spartiates, l'amour de la patrie et la valeur française. A Hydra nous reconnoissions l'activité industrieuse de nos compatriotes, et l'Attique alloit enfin nous rappeler l'urbanité, la vive gaîté, et surtout le génie et l'amour pour les arts, qui ont fait comparer les Français aux Athéniens.

Les objets de comparaison vont devenir plus rares, et bientôt nous manquer tout-à-fait, à mesure que nous approcherons d'un pays considéré comme à moitié barbare, où d'autres mœurs, d'autres hommes qui nous sont au moins indifférens, nous laisseront seuls avec nos regrets et nos souvenirs.

Mais déjà les côtes de la Grèce ne sont plus qu'un point brumeux sur l'horizon. Cette terre célèbre se perd dans l'éloignement : une autre lui succède. Les îles parsemées dans cette mer forment des groupes, dont les plans se confondent, et peu après se détachent les uns des autres ; elles s'offrent successivement aux regards. La cime de l'une s'abaisse derrière nous : une autre s'élève à mesure que nous en approchons, et fait oublier sa rivale.

Tel est le tableau varié qu'offre sans cesse la mer Egée. A l'aspect de chacune de ces îles que nos Grecs reconnoissent, ils font éclater leur amour ou leur joie, et les saluent par des acclamations. Nous aussi, nous les appelons de leur nom antique ; et notre mémoire, d'accord avec nos regards, cherche à reconnoître quelques traits de leur grandeur passée.

Céos et Cranaë se montrent à la fois, l'une à notre droite, et l'autre du côté opposé. Cette dernière touche presque au rivage de l'Attique.

Commençons par elle, avec d'autant plus de raison, qu'elle porte aussi le nom d'*Hélène*.

Pâris, ravisseur de cette princesse, aborda en cet endroit. Les bocages de Cranaë furent témoins de ses premiers transports; et, pour perpétuer le souvenir de son triomphe et de sa reconnoissance, il fit bâtir en ce lieu un temple de Vénus (1).

Long-temps après, Ménélas vint visiter ce temple, monument de son malheur et de l'infidélité de son épouse; il ne le ruina point : seulement il y fit placer, aux côtés de la statue de Vénus, les images de deux autres déités, celles de Thémis et de Praxidice, déesse des châtimens, pour montrer qu'il ne laisseroit pas l'affront impuni. Déjà vengé par la ruine du royaume de Priam, père du ravisseur, il le fut bien plus, en effet, par la fin tragique d'Hélène.

Suivant Pausanias (2), c'est à Rhodes que périt cette épouse infidèle. Chassée de Lacédémone par Nicostrate et Mégapenthe, fils naturels de Ménélas, elle se retira chez Polyxo sa parente, veuve de Tlépolème, roi de

---

(1) Strabon dit que l'île d'Hélène est bien celle à laquelle Homère donne le nom de *Cranaë*; mais Pausanias place le temple de Vénus en Laconie.

(2) *Lib. III.*

Rhodes, mort au siége de Troie. Polyxo, regardant Hélène comme la cause de son veuvage, résolut de s'en venger. A cet effet, elle envoya des femmes habillées en Furies, qui surprirent la malheureuse princesse au moment qu'elle étoit au bain, et la pendirent à un chêne.

Les Grecs, qui avoient sans doute d'autres idées que nous sur la fidélité conjugale, ont célébré la coquetterie de quelques femmes, comme ils ont immortalisé les foiblesses de leurs Dieux et de leurs héros. Les Rhodiens, voulant honorer la mémoire d'Hélène, bâtirent un temple, qu'ils consacrèrent sous le nom d'*Hélène-Dendritis;* ils prétendirent aussi que les dernières larmes qu'elle versa, donnèrent naissance à une fleur qu'on nomma *hélènion*, et à laquelle on attribua la vertu d'embellir les femmes, et de rendre gais et souvent querelleurs ceux qui en mettoient dans leur vin.

Occupons-nous maintenant de l'île de Zéa, l'antique Céos (1), que nous laissons à notre droite. Patrie de Simonide, poëte lyrique qui, dit-on, inventa les lettres grecques, cette île a été aussi le berceau d'une invention dont l'uti-

---

(1) On l'appelle aussi *Cos ;* mais il ne faut pas la confondre avec celle du même nom, qui se trouve auprès de Rhodes, sur les côtes de l'Asie mineure, et qui étoit la patrie d'Hippocrate.

lité, sinon plus importante, est presque aussi générale. Pline nous apprend que Pamphile, fille de Latoüs, fut la première qui trouva le moyen de dévider la soie, et d'en faire des étoffes destinées à rehausser l'éclat et la somptuosité des vêtemens des femmes. Les anciens considé-roient ces étoffes comme fort précieuses, parce qu'elles étoient si déliées, qu'on pouvoit distin-guer toutes les parties du corps au travers. Les poëtes ont souvent fait mention des voiles et des tissus de Céos (1).

Ces tissus étoient fabriqués avec une soie très-fine, qu'on teignoit en pourpre avant de l'em-ployer, parce que, après que cette gaze étoit faite, elle n'avoit pas assez de corps pour souffrir la teinture.

Il n'y avoit d'abord à Rome que les courti-sanes qui osassent mettre de pareils vêtemens ; mais les honnêtes femmes ne tardèrent pas à les imiter. La mode en subsistoit encore au temps

____

(1) Tibulle, Properce, Ovide et Horace.

On nommoit, en latin, *tennuarii* les ouvriers qui fabriquoient ces robes fines, ces habits transparens, ces gazes de Cos, si fort en vogue dans le temps de la dépravation des mœurs des Grecs et des Romains.

Rosinus nous décrit l'usage et la variété de ces nuages de lin ou de soie, qu'un poëte nommoit si heureusement *ventos texiles* et *nebula linea.* « Est-il honnête, disoit-il, qu'une femme mariée porte des habits de vent, et paroisse nue sous une nuée de lin? Cependant les femmes et les filles d'Orient, et en particulier celles de Jérusalem, étoient vêtues d'habits semblables. »

de saint Jérôme; car, en écrivant à Læta, sur l'éducation de sa fille, il lui recommande de ne pas la vêtir de ces habits qui couvrent le corps sans le cacher.

Ces étoffes n'ont, à ce qu'il paroît, aucun rapport avec la plupart de nos soieries, dont l'apprêt et la roideur sont un des mérites, et qui, loin de se modeler sur le corps, ne présentent que des plis anguleux, très-peu favorables à la peinture et à la sculpture.

On pourroit plutôt comparer les anciennes étoffes de soie à celles qui sont encore en usage dans le Levant, et dont les Turcs font des chemises. C'est une espèce de gaze sans apprêt, souvent rayée, qui est très-fine, forme en effet des plis ondoyans comme ceux de la mousseline, et accuse aussi bien les formes.

On reconnoît dans quelques statues antiques, et notamment dans celle de Diane chasseresse, l'imitation exacte de ces sortes de draperies. Le travail du marbre en indique très-bien les ondulations et même la rayure, que l'on retrouve aussi, d'une manière plus marquée, dans les peintures antiques d'Herculanum, et même dans celles des vases grecs de la plus haute antiquité, dits *étrusques;* ce qui feroit remonter la mode de ces vêtemens plissés ou rayés à une époque très-reculée.

Il y avoit, dit-on (1), dans l'île de Céos, une fontaine dont l'eau rendoit insensible ou même faisoit perdre l'esprit, et l'on ajoute (2) que les habitans, et surtout les femmes, y jouissoient d'une longue et belle vieillesse; mais ils n'attendoient pas que la mort les surprît, ils la prévenoient eux-mêmes, en prenant du pavot ou de la ciguë avant qu'ils ressentissent les infirmités ou la foiblesse qui accompagnent un âge avancé.

On raconte que ces insulaires (3), assiégés dans leur ville par les Athéniens, résolurent de faire mourir les plus âgés d'entre eux, afin que les vivres pussent leur durer plus long-temps; mais leurs ennemis, moins cruels qu'eux, en ayant été avertis, levèrent le siége, et s'en retournèrent à Athènes, pour empêcher l'effet d'une si horrible et si sanglante résolution.

Nous avons reconnu cette île de très-près. Vers midi, nous étions en face et à quelques milles de la ville de Zéa, qui, à cette distance, nous offroit un coup d'œil très-pittoresque; elle est construite sur le plan incliné d'une montagne, dont les hauteurs sont couronnées de moulins à vent.

On ne peut mieux se représenter ce site

_____

(1) Pline.
(2) Héraclite.
(3) Strabon.

qu'en supposant que les maisons, bâties proprement et couvertes en terrasses, sont fondées sur les degrés semi-circulaires d'un théâtre antique, dont le port occupe le centre, et dont le canal, qui sépare cette île de celle de Cranaë, est la scène. Nous y figurions même comme acteurs : car notre capitaine voulut donner aux habitans de Zéa le spectacle d'un simulacre de petite guerre. Ayant aperçu une flotille de bâtimens marchands, il leur a rendu la peur qu'il avoit éprouvée lui-même précédemment, à la vue de plusieurs vaisseaux de guerre qui nous avoient donné la chasse ; il a fait, en conséquence, des démonstrations hostiles, que notre équipage nombreux et la quantité de nos canons, quoique la plupart fussent de bois, pouvoient faire croire sérieuses. Après avoir brûlé quelques amorces, on a forcé de voiles et couru sur les bâtimens, dont le canal étoit couvert, et qui se sont dispersés de droite et de gauche, les uns vers Zéa, d'autres vers l'île Longue. Ces petites voiles blanches, qui paroissoient voler à la surface des eaux, ressembloient assez à une troupe de pigeons poursuivis et dispersés par un oiseau de proie. Enfin, après s'être bien divertis de la frayeur de leurs compatriotes, nos Grecs ont traversé en triomphateurs l'espace vide qu'on leur avoit cédé sans difficulté, et nous avons

continué paisiblement notre voyage ; ce qui
n'auroit peut-être pas eu lieu, si le capitaine
n'eût été gêné par notre présence ; car il arrive
souvent que les vaisseaux turcs rançonnent, en
passant, ces flotilles grecques.

Après avoir dépassé l'île de Céos, on aperçoit
dans la même direction la petite île de Gyaros,
que son élévation au dessus de la mer fait découvrir malgré son éloignement.

A une époque très-reculée, ce rocher fut le
théâtre d'une guerre assez singulière, et qui peut
avoir donné à Homère l'idée de son poëme bur-
lesque de la *Batrachomyomachie*.

Des légions de rats disputoient le peu de
nourriture que ce sol stérile fournissoit à ses
habitans. Ces hôtes incommodes devinrent si
nombreux, que, les provisions et l'espoir des
récoltes étant perdus, la famine se déclara. Les
insulaires, réduits, pour dernière ressource, à
se nourrir des ennemis qu'ils pouvoient tuer, se
virent enfin accablés par le nombre ; et, sur le
point d'en être dévorés eux-mêmes, ils furent
forcés, pour sauver leur vie, de céder le champ
de bataille, et de s'embarquer, abandonnant
sans retour leur patrie.

On ajoute qu'après avoir chassé les habitans
et consommé tout ce qui pouvoit leur servir de
pâture, ces voraces animaux rongèrent jusques

au fer, et vraisemblablement finirent par se dévorer entre eux; car, par la suite, cette île fut
encore habitée, et elle l'étoit du temps d'Au-
guste, par des pêcheurs fort misérables. Ce
prince se trouvant à Corinthe, après la bataille
d'Actium, l'un de ces pêcheurs vint se jeter à
ses pieds pour le supplier de vouloir bien dimi-
nuer le léger tribut qu'ils étoient obligés de lui
payer, alléguant qu'il surpassoit de beaucoup
leurs moyens. Les Romains firent, par la suite,
de cette île un lieu d'exil (1); ils y envoyoient
les criminels distingués par leurs qualités et
leurs emplois. Le nom de *Gyaros* étoit même
passé en proverbe; et, pour exprimer une faute
qui méritoit une sévère punition, on disoit
qu'elle étoit digne de Gyaros (2).

Cette île n'est pas la seule qui ait été dévas-
tée par les rats. L'Ile-de-France en fournît un
exemple récent : Ces animaux, transportés d'Europe par les vaisseaux, s'étoient multipliés au
point qu'on prétend qu'ils firent quitter l'île
aux Hollandais. Les Français en ont diminué le
nombre, quoiqu'il y en ait encore une grande
quantité (3).

---

(1) Tacite.

(2) Juvénal. *Aude aliquid brevibus gyaris et carcere dignum, si
vis esse aliquis.*

(3) Buffon, *Supplément*, tom. VIII, pag. 3o3.

Nous avons, à bord de notre bâtiment, des rats dignes descendans de ceux de Gyaros ; ils dévorent toutes nos provisions, et résistent ouvertement aux attaques des chats, que même ils mettent hors de combat. Leur voracité est telle, qu'un matelot, accablé de fatigue, et qui s'étoit endormi profondément sous le gaillard d'avant, a été réveillé par des douleurs horribles : c'étoient les rats qui lui rongeoient les talons, qu'ils avoient déjà dépouillés de la peau épaisse que l'habitude d'aller nu-pieds y avoit formée.

On prétend qu'après une longue traversée, lorsque l'on jette l'ancre dans un port, ces animaux affamés s'élancent à la mer, nagent en foule vers le rivage, et vont se refaire à terre des privations du voyage. En Amérique, des villes, des îles entières ont été infestées de cette manière par l'approche d'un vieux vaisseau, et ce n'est pas un des moindres fléaux dont les navigateurs ont fait l'échange avec les trésors du Nouveau-Monde.

Je ne rapporte ces faits minutieux que pour appeler l'attention sur les effets dangereux de la voracité de ces animaux, auxquels on peut attribuer, autant qu'aux vers, les voies d'eau qui se manifestent tout à coup, et qui mettent un vaisseau, loin des côtes et de tout secours, en danger de périr.

Nous nous dirigeons vers Négrepont. Les rochers escarpés et pyramidaux du cap d'Oro restent à notre gauche; et, comme il n'y a point de port ni d'attérages de ce côté, nous nous félicitons de passer rapidement et de jour devant cette côte dangereuse. L'on y distingue des rochers taillés à pic, et des petits îlots détachés, dont les pointes menaçantes sont blanches d'écume.

Ce promontoire, connu anciennement sous le nom de *Caphareum*, est célèbre par le naufrage des Grecs qui revenoient du siége de Troie, sous la conduite d'Agamemnon.

Nauplius, roi d'Eubée et fils de Neptune, ayant appris que, par les artifices et les menées d'Ulysse, son fils Palamède avoit été injustement lapidé par les Grecs, jura de s'en venger. Le dieu des mers lui en fournit l'occasion, et les livra à son ressentiment; car, lorsqu'ils retournoient dans leur patrie, une tempête effroyable les surprit à la vue des côtes de l'Eubée. Le ressentiment inspira à Nauplius de faire allumer, sur le cap Capharée, un grand feu que les Grecs prirent pour un phare; ils s'y dirigèrent, dans l'espérance de mettre leur flotte à l'abri dans le port qu'on paroissoit vouloir leur indiquer; mais, victimes de cet indice trompeur, ils vinrent heurter, et se brisèrent sur les rocs parsemés autour de ce cap, où presque tous leurs vaisseaux firent naufrage. Cependant, Nauplius, ayant appris qu'Ulysse et Diomède, à qui il avoit notamment tendu ces embûches, s'en étoient heureusement garantis, désespéré de n'avoir pu réussir dans son dessein, se précipita du haut d'un rocher dans la mer, et s'y noya.

Ce même prince avoit aussi cherché à satisfaire sa vengeance d'une manière moins tragique, mais non moins perfide. Parcourant la Grèce, dans l'intention de brouiller les familles des généraux et des officiers qui étoient au siége de Troie, sur de fausses nouvelles de la mort de ces guerriers, il engageoit leurs épouses à se remarier, espérant, par la suite, d'exciter entre eux des inimitiés irréconciliables, qui, les armant les uns contre les autres, pourroient expier, par leur commune destruction, la mort de son fils.

L'Eubée est couverte de montagnes qui s'élèvent à mesure qu'elles se rapprochent du centre de l'île; elle est beaucoup plus longue que large, et, lorsqu'on est en face du cap d'Oro, comme on la voit dans le sens de sa largeur, les montagnes se groupent de manière à ne présenter qu'un sommet pyramidal, entouré de divers plans ou gradins qui en forment l'empatement; mais, dans le sens de sa longueur, on voit trois sommets bien distincts, et séparés par des vallées qui, nous a-t-on dit, sont très-productives à cause de la diversité des expositions et de la douceur du climat. Le front de ces montagnes, souvent couvert de neige, est dépouillé de forêts, et la couleur blanchâtre du rocher indique qu'il n'y existe plus de terre végétale. Plus bas, on aperçoit un peu de verdure, et les vallons sont dominés par quelques parties boisées, que leur couleur obscure fait distinguer.

Les excellens pâturages de cette île étoient renommés; ils nourrissoient beaucoup de bœufs. Thucydide rapporte qu'au commencement de la guerre du Péloponèse, les Athéniens y envoyèrent leurs troupeaux, et les brebis y devenoient très-fécondes; elles devoient aussi des avantages singuliers à deux rivières, dont les propriétés étoient bien différentes ; car l'une avoit la vertu de faire devenir blanche la toison des brebis qui buvoient de ses eaux, et l'autre de la faire noircir (1). Enfin, il y avoit des sources d'eaux thermales et sulfureuses, qui n'étoient pas moins renommées pour la guérison de certaines maladies.

____

(1) On raconte la même chose de deux rivières de la Béotie.

Les habitans de l'Eubée passoient anciennement pour les meilleurs chaudronniers qu'il y
eût au monde, et on prétend qu'on avoit trouvé
dans cette île le premier cuivre qu'on ait vu, et
que les *Curètes*, nourriciers de Jupiter, établis
par ce dieu pour gardiens du temple de Junon,
mirent ce métal en œuvre, et apprirent cet art
aux habitans de l'Eubée.

Du temps de Strabon, on tiroit de cette île
seule un métal particulier ou bronze naturel,
qui étoit un mélange de fer et de cuivre. Il
seroit intéressant de constater, par des expé-
riences, si ce métal ne seroit pas celui qui servoit aux anciens pour fabriquer des outils, dont
la trempe étoit plus parfaite que celle de notre
acier, et avec lesquels ils travailloient les ma-
tières les plus dures, et surtout le porphyre,
qui résiste à nos outils.

Les Grecs, et, avant eux, les Egyptiens tail-
loient au ciseau les pierres réfractaires (1); et,
ce qui ajoute au merveilleux, c'est qu'il paroît
qu'ils trempoient le cuivre, si, comme on le
présume, ils ignoroient l'emploi du fer et de
l'acier. Nous ne sommes pas en état d'exécuter
de pareils travaux, et la manière dont on taille
le porphyre et le granit est le résultat du temps,

---

(1) *Mémoire sur l'Architecture égyptienne*, par M. Quatremère.

de la patience et d'un excès de dépense. On ne retrouva l'art de tailler le porphyre au ciseau que sous les Médicis, et ce secret, dû à Côme Ier (1), s'est perdu de nouveau.

Homère parle rarement du fer, et la plupart des armes de ses héros étoient de cuivre.

L'art de fondre le fer devoit être encore dans l'enfance du temps d'Alyatte, c'est-à-dire six cents ans avant Jésus-Christ, et il est probable que les Romains employoient plus communément le cuivre que le fer aux usages auxquels nous faisons servir ce dernier métal. M. le comte de Caylus (2) soutint cette opinion, au moyen de l'analyse de plusieurs armes romaines, trouvées dans des fouilles, et il en résulta qu'elles étoient composées d'un métal très-dur, souvent de cuivre pur, et quelquefois allié à un peu de fer ou d'étain : il parvint même à imiter assez bien ce métal, en le recomposant des mêmes élémens et dans leur même proportion ; il pensoit que les anciens se servoient de cuivre ferrugineux, qui se trouve dans certaines mines, et qui étoit ce cuivre aigre et dur que nous appelons *cuivre noir*, s'épargnant, par là, la peine de le

---

(1) Vasari, édit. de Livourne, 1767, tom. I, pag. 40.

(2) *Recueil d'Antiquités*, pag. 238; et *Dissertations* dans les Mémoires de l'Académie des Inscriptions et Belles-Lettres, volume XXXI, pag. 25, et *Hist.*, vol. XII, pag. 183.

dépurer; ce qui même l'auroit rendu moins propre à l'usage auquel ils le destinoient. Les mines de l'île d'Eubée doivent peut-être leur célébrité à la qualité supérieure de ce métal, dont il faut que l'usage ait été bien précieux, puisqu'on en attribue la découverte aux nourriciers de Jupiter. Au reste, ces mines de cuivre ferrugineux fourniroient un métal propre, sinon à tous les usages, au moins à certains ouvrages grossiers, où la main-d'œuvre est considérée comme peu de chose, et la durée pour beaucoup, tels que les ferremens qui sont exposés aux injures de l'air, et, par là, dans le cas d'éprouver l'effet destructif de l'oxidation. On a surtout remarqué cet inconvénient de l'emploi du fer dans la construction, pour lier les pierres entre elles. Les anciens employoient aussi les métaux dans leurs bâtisses; mais ils n'en faisoient pas un abus aussi condamnable que les architectes modernes; ils ne s'en servoient pas comme moyen de soutien indispensable, mais de consolidation. De courtes barres de bronze, de fer enduit de plomb et d'étain (1), ou quelquefois même

---

(1) Dans des fouilles qui ont été faites en 1789, parmi les ruines du temple dorique de Jupiter olympien (dit *des Géans*), à Girgenti en Sicile, on a trouvé de grands goujons en fer, ayant la forme d'un T, lesquels étoient revêtus, dans toute leur superficie, d'une lame de plomb qui les avoit parfaitement préservés de la rouille. Ces

des morceaux de bois, servoient d'axe aux colonnes, dont ils réunissoient les tambours, seulement pour les empêcher de glisser dans un
choc violent, et surtout dans les tremblemens
de terre, ou tel autre cas fortuit et extraordinaire. On auroit pu, à la rigueur, s'en passer :
la solidité de ces constructions étant calculée
suivant les lois de la gravitation, elle étoit à
l'épreuve de tous les cas ordinaires de détério-
ration, résultats insensibles du temps.

Dans plusieurs de nos monumens modernes
on a fait, au contraire, un tel abus du fer,
qu'ils ne pourroient se soutenir sans l'aide de
ce métal, qui, venant à se décomposer, laisse les
pierres sans appui, et tend à la destruction de
l'édifice, plus qu'à sa solidité. D'ailleurs, quand
bien même le fer seroit à l'abri de la rouille, il
ne le seroit pas de l'action de l'air chaud ou froid
qui le fait allonger ou raccourcir; de manière
que cette action, lente et insensible en apparence, n'en opère pas moins un frottement qui
l'empêche de faire corps avec la pierre, et
la fait éclater, ou au moins ce lien de fer ne
remplit plus son objet, qui est de servir de point

---

goujons, dont la tête avoit six pouces de largeur et dix-huit pouces
de longueur, avoient servi à fixer et consolider les triglyphes angu-
laires de la frise du temple. (*Note communiquée par M. Dufourny,
membre de l'Institut.*)

de réunion. Mais terminons cette longue digression pour continuer notre route.

Nous avons passé par le détroit qui existe entre Négrepont et Andros; il n'est pas assez large pour qu'on ne puisse distinguer parfaitement les côtes opposées. Nous nous sommes ensuite élevés vers le nord, en côtoyant l'Eubée, dont les montagnes devoient nous servir de point de départ pour nous diriger au large vers l'île de Chio, et par ce moyen éviter un rocher qui se trouve à quelques lieues au nord d'Andros, et qu'on appelle *Buon-Vecchio* par antiphrase, à cause qu'il est dangereux. Les Grecs le nomment *Caloyero*, et ont donné la même dénomination à d'autres rochers menaçans, parsemés autour des îles. Le plus remarquable se trouve à vingt milles de Nisari; il est entièrement inaccessible, et escarpé de tous côtés. Cependant on raconte qu'un Caloyer avoit autrefois choisi ce rocher pour y passer ses jours, avec deux autres religieux, sous les lois d'une discipline fort sévère; il avoit trouvé le moyen d'y élever, à l'aide d'une bascule ou d'une poulie, une légère caïque, où deux personnes pouvoient cependant se placer, et qui leur servoit pour aller dans le voisinage chercher des provisions. Ils croyoient, par ce moyen, être parfaitement à l'abri de toute inquiétude. Néanmoins, un jour les deux religieux étant descendus dans la caïque, à la manière accoutumée, ils furent tués par deux Turcs, qui se revêtirent de leurs habits, et se présentèrent sous cette figure pour être élevés au haut du rocher par le Caloyer, qui les prit pour ses confrères. Ces Turcs étoient des brigands, qui dévalisèrent le bon anachorète, et emportèrent jusqu'aux ornemens de sa chapelle.

On remarquera dans cette tradition, comme dans presque tous les contes des Grecs, l'esprit d'animosité qui les anime contre les Turcs, auxquels ils font toujours jouer les rôles les plus odieux, se servant de l'arme des foibles, de la calomnie, ou tout au moins de la médisance, croyant se venger par là de l'oppression où ils sont retenus : aussi ne faut-il pas s'en rapporter aux uns ni aux autres, pour bien connoître et apprécier la moralité des deux nations, qui se détestent et se méprisent mutuellement.

Les derniers rayons du soleil couchant s'arrêtoient encore sur le sommet des montagnes de l'Eubée, tandis que pour nous il avoit déjà dépassé l'horizon. Dans cet instant de calme et de quiétude, l'on se réunit sur le pont, et c'est dans les épanchemens de l'amitié que finit la journée.

Tandis que nos timides conducteurs, sous prétexte d'obéir à la voix de la prudence, serrent

une partie des voiles pour ralentir la marche
du navire, et qu'un petit nombre de matelots
surveille la manœuvre, le reste de l'équipage se
livre, sur le gaillard d'avant, à ses plaisirs favoris.
C'est alors que les plus âgés s'entretiennent de
leurs affaires de famille, se racontent leurs longs
voyages, entrepris et exécutés à travers une
foule de périls souvent imaginaires, entremêlant
communément leurs récits de traits de forfan-
terie, et quelquefois de plaisanteries qui ne sont
pas dépourvues d'esprit ni de sel.

On croit entendre les compagnons d'Ulysse,
et reconnoître le caractère des Grecs, qu'Homère a tracé d'une main si savante.

D'autres jouent à divers jeux, ou chantent en
s'accompagnant des instrumens de leur pays.
Quelques uns, réglant leurs pas sur les sons de la
musique, figurent des danses que le peu d'espace
les force de circonscrire, et ils terminent ordinairement la soirée par se rassembler autour de
celui qui s'érige en conteur, et atteint le but qu'il
s'étoit proposé, celui de provoquer le sommeil
de tout son auditoire.

Plus les mœurs étrangères diffèrent des nôtres,
et plus elles nous frappent vivement, et même
nous intéressent. Le moindre mélange de ces
objets nouveaux avec ceux qui nous sont fami-
liers, rompt l'harmonie que nous nous plaisons

à observer entre les traits, l'habillement, les manières et les habitudes des diverses nations. Ce mélange a quelque chose de forcé, de bizarre, qui affecte désagréablement : aussi n'ai-je pu voir un de nos Grecs jouer sur le violon des contredanses françaises sans éprouver ce sentiment pénible qui est indépendant de la réflexion, du jugement, et la suite naturelle d'idées qui se rattachent à nos premières sensations et à nos premières études.

Nous nous sommes formés, par exemple, des principaux personnages de l'antiquité, une idée peut-être fort inexacte, mais qui au moins est en rapport avec ce que l'histoire nous en apprend. Homère, privé de la vue, ne ressemble en rien aux autres aveugles. Alcibiade n'a point la tournure de nos petits maîtres, et Platon celle de nos philosophes. Qu'on représente ces personnages dans un tableau, il faut que le peintre conserve leur caractère de physionomie, en quelque sorte générique, sous peine d'être taxé de mauvais goût, comme il le seroit de bizarrerie et d'ignorance s'il leur prêtoit des habillemens qui n'étoient pas ceux de leur temps, ou les représentoit avec des manières et dans des situations inconvenantes. Il en est de même des notions que nous avons sur le caractère et les habitudes des peuples modernes. Une Espa-

gnole auroit peut-être moins de grâce en pin-
çant de la harpe, qu'une Française, et celle-ci
tireroit un parti moins heureux de la mandoline et des castagnettes.

Ces réflexions sur l'art des convenances, qui
est le résultat du goût dirigé par la science, seroient susceptibles de développemens que je ne
peux leur donner ici.

LETTRE XV.

Le 16 février.

Iles d'Ipsara, Metelin et Ténédos. — Côte de Troie. — Cap Sigée. — Châteaux et canal des Dardanelles. — Accident qui nous force de relâcher à Gallipoli.

Nous avons été réveillés avant le jour par les cris de joie de l'équipage. Capitaine, officiers et matelots, tous étoient réunis sur le pont. Le timonier lui-même avoit abandonné le gouvernail, et les plus impatiens étoient montés aux haubans et sur les hunes pour mieux découvrir leur terre natale. *Ipsara ! Ipsara ! gligora pedia*....., s'écrioient-ils. Enfans, courage ! réjouissez-vous, voilà notre chère patrie, *Ipsara !! ....*. A peine l'aube blanchissoit l'Orient, déjà toutes les lunettes étoient dirigées vers le point de l'horizon où se trouvoit cette île. Les transports des Grecs éclatoient à l'aspect de la côte où étoit leur toit paternel, qu'ils croyoient apercevoir malgré l'éloignement, et même l'imagination frappée leur représentoit leurs parens, leurs amis; ils tendoient les bras vers eux, leur parloient sans réfléchir qu'on ne pouvoit ni les voir ni les entendre. Il auroit été cruel de les détromper, et ces sentimens si naturels et si vivement exprimés par les Ipsariotes, étoient partagés par le reste de l'équipage et par nous-mêmes. C'est à regret que nous avons été forcés de leur refuser la consolation d'embrasser leur famille ; mais le vent étoit favorable : un devoir rigoureux nous ordonnoit d'en profiter. D'ailleurs, si nous avions abordé à Ipsara, nous devions craindre la désertion de plusieurs de nos matelots ; ce qui nous étoit déjà arrivé à Hydra, où nous en avions perdu deux, séduits apparemment par les armateurs de cette île, qui promettent de grands avantages à ceux qui prennent parti sur leurs vaisseaux marchands.

L'île d'Ipsara est petite et peu propre à la culture ; elle ne seroit pas dans le cas de nourrir ses habitans s'ils ne se livroient, comme les Hydriotes, au commerce maritime. Ils fournissent, comme je l'ai déjà dit, de bons matelots, et même des officiers à la marine turque.

Ce rocher, situé au centre de l'Archipel, et favorisé d'un bon port, devient une espèce d'entrepôt des marchandises des îles voisines, et les bateaux des Ipsariotes servent à transporter les denrées et les objets de commerce de l'une à l'autre de ces îles, dont ils sont les commissionnaires.

On peut les comparer à ces hommes de peine qui, forcés par la misère d'abandonner le sol ingrat de leur pays, vont s'établir momentanément dans les grandes villes, où, par leur industrie, leur amour du travail, et surtout par leur fidélité et leur économie, ils parviennent non-seulement à subsister, mais encore à amasser une petite fortune qu'ils rapportent enfin dans leur patrie, dont ils conservent toujours le plus tendre souvenir (1).

Pierre Belon rapporte un fait qui pourroit être rangé au nombre de ces contes ou plaisanteries populaires inspirées par la rivalité, la jalousie ou la haine qui divise souvent les habitans de deux îles voisines. Peut-être a-t-on voulu ridiculiser la prédilection des Ipsariotes pour leur rocher stérile, en prétendant qu'il nourrissoit beaucoup d'ânes sauvages, tous différens de ceux que l'on voit dans les campagnes d'Assyrie, et qui ne pouvoient sortir de l'île ; car lorsqu'on les transportoit hors de leur air natal, ils venoient immanquablement à mourir. Les anciens disoient aussi, par dérision, *Psyra Bac-*

----

(1) Les porte-faix de Constantinople, qui sont aussi estimés pour leur fidélité, que les Auvergnats le sont en France, se nomment *hamals* ; ils viennent d'un lieu appelé *Hamalu*, situé dans la Natolie, à peu près à cinquante heures de marche sur le chemin de Scutari à Mosul, entre Boli et Tosie. (*Voyage à Bassora*, de Sestini.)

chum, parce qu'il n'y venoit point de vigne, ou que le vin en étoit mauvais. Nous étions tentés de demander à notre capitaine des éclaircissemens sur ces faits singuliers ; mais il auroit mal pris la plaisanterie : d'ailleurs, nous lui avions occasionné assez de chagrin par la résistance que nous avions opposée à son désir bien naturel d'aborder dans sa patrie, et il falloit ménager sa bonne volonté pour continuer notre route.

Nous avons rencontré dans le voisinage de Metelin (l'ancienne Lesbos) des troupes nombreuses de dauphins ; ils nous rappeloient l'aventure merveilleuse d'Arion, dont les médailles de Lesbos, sa patrie, ont conservé la trace. On sait qu'ayant été jeté à la mer, il dut son salut à l'un de ces poissons qu'avoient attirés les accords de sa lyre. Ils sont maintenant bien moins sensibles aux charmes de l'harmonie, et nous avions déjà éprouvé qu'ils préféroient à nos chansons la pâture plus substantielle que nous leur jetions, et qu'ils se disputoient en se jouant autour du vaisseau. Les habitans de Lesbos n'ont pas conservé davantage leur ancien goût pour la musique, et leur école, digne héritière de la lyre d'Orphée, est oubliée comme le nom de ce Terpandre qui remporta quatre fois de suite les prix aux jeux pythiques, calma une sédition à Lacédémone par ses chants mélodieux, et ajouta deux cordes à la lyre. La poésie s'est aussi exilée de cette terre qui vit naître Sapho et Alcée; mais en échange elle a conservé son ancienne fécondité. Elle produit d'excellent blé, dont la farine, blanche comme la neige, sert à faire plusieurs mets recherchés (1). La vigne s'enlace toujours autour des arbres, les orne de ses pampres; les raisins pendent, et mûrissent à l'extrémité de leurs branches chargées en outre de leurs propres fruits, et la récolte des uns et des autres n'en est que plus abondante. Les vins de Lesbos sont encore dignes de leur ancienne renommée (2), et les tableaux du chantre des amours de Daphnis et Chloé conservent ici toute leur fraîcheur, ils fourniroient même des scènes pastorales, dont un peintre pourroit animer ses paysages. Le temps des vendanges offre surtout une succession de fêtes et de divertissemens dignes de ses crayons. On ne peut cependant plus les comparer aux antiques bacchanales; car les modernes habitans de Lesbos n'ont conservé des mœurs efféminées et licencieuses de leurs ancêtres, qu'un peu plus

______

(1) Les Turcs font de cette farine ce qu'ils nomment *trachana* et *bouhourt*, qui sont des mélanges de plusieurs alimens réduits en consistance de bouillie ou de potage.

(2) *Non eadem arboribus pendet vindemia nostris,*
Quam Methymnæo carpit de palmite Lesbos.

GEORG., *lib. II.*

d'affabilité et de douceur que les autres insulaires de l'Archipel. Les femmes y sont même
beaucoup moins coquettes qu'à Milo ; celles-ci
découvrent leurs charmes de manière à effaroucher la pudeur, tandis que celles de Lesbos, plus
modestes, ou entendant mieux leurs intérêts,
enveloppent leurs formes de voiles transparens
qui ajoutent à leurs grâces naturelles une grâce
de plus, et à leurs attraits l'attrait plus puissant
du désir. C'est un Grec né dans cette île, qui
s'exprimòit ainsi. Peut-être y avoit-il laissé une
maîtresse, et je me borne à lui servir ici d'interprète et non de garant.

Nos voiles, toujours enflées par le vent favorable, nous font passer avec la plus grande rapidité entre Ténédos et la côte de la Troade..
La Troie d'Alexandre avec les ruines de ses
temples, la côte découpée par les monumens
funéraires et pyramidaux d'Ajax, de Patrocle et
d'Achille, le mont Ida, qui couronne tous ces
objets, et sur lequel ils se détachent, forment
un immense tableau qui se déroule sous nos
yeux, et qui laisse de profondes traces dans notre
esprit, en y réveillant les émotions produites
par la lecture d'Homère. Son ombre vénérable
semble planer sur ces bords, et porter encore
sur les ailes de son génie les grands noms qu'il
a sauvés de l'oubli. Nos Grecs eux-mêmes répé-

toient, avec une sorte d'orgueil, ces noms sacrés, et contemploient, avec un mélange de
respect et d'attendrissement, le plus ancien
théâtre de leur gloire.

Après avoir salué le promontoire Sigée, nous
avons découvert les deux châteaux qui défendent
l'entrée de l'Hellespont (*Pl. XVII*), et nous cin-
glons vent en arrière pour y pénétrer. Le canon
des Dardanelles nous avertit en vain d'attendre
la visite à laquelle on est dans l'usage de se sou-
mettre. On se contente de hisser le pavillon turc,
de l'assurer de trois coups de canon, et de pousser des cris de reconnoissance. Nous arborons
aussi aux haubans un petit pavillon français,
dans l'espoir qu'il sera aperçu par le consul de
France aux Dardanelles, avec lequel on étoit
convenu d'avance de ce signal pour lui annoncer
notre passage, et lui témoigner notre désir d'a-
voir des nouvelles de France et de Constantinople ; mais le courant, qui venoit en sens contraire du vent, faisoit amonceler les vagues,
rendoit la mer très-grosse, et nous empêchoit
de mettre en panne pour attendre l'arrivée des
caïques. D'ailleurs, l'équipage étoit aussi impa-
tient que nous d'atteindre la Propontide, où
désormais nul obstacle ne devoit nous empêcher d'arriver à notre destination. Le capitaine
a été d'avis de remonter le canal sans s'arrêter,

Vue du Chateau d'Europe aux Dardanelles

et chacun de nous a promis de passer la nuit sur le pont pour aider à la manœuvre.

Dans ces dispositions nous avions déjà franchi les passages les plus resserrés du détroit, et laissé Gallipoli à notre gauche. Du côté opposé, Lampsaki et le Tchardak disparoissoient, ainsi que le fanal d'Asie. Le vent augmentoit de moment en moment, à mesure que le soleil s'abaissoit vers l'horizon. Des nuages blanchâtres et déchirés passoient avec la rapidité de la flèche au-dessus de nos têtes, et nos vœux étoient encore plus rapides que leur course. A l'aspect de la mer de Marmara, qui se déploie au-delà du canal, et se confondoit en face de nous à l'horizon, nous souhaitions la vue perçante de l'aigle, et peut-être alors de cette place aurions-nous découvert les hauts minarets de Constantinople.

Déjà nous faisions nos dispositions pour notre prochaine arrivée; nous nous communiquions nos projets, nos espérances. Les uns alloient, après une longue absence, revoir leurs familles. La plupart devoient faire de nouvelles connoissances, acquérir peut-être de nouveaux amis.

Les marins se félicitoient de voir le terme de leurs travaux, et de recevoir la récompense qui leur étoit due. En effet, il étoit probable que, le lendemain, nous jetterions l'ancre dans le port de Constantinople. Nous nous bercions de ces agréables chimères, lorsque notre joie et tous nos projets ont été en un instant anéantis par un événement que nous étions loin de prévoir, et qui cependant est assez commun dans ces parages.

Le soleil, sur le point de disparoître à l'horizon, semble imprimer un mouvement rétrograde et subit à l'atmosphère. Le vent cesse : un calme effrayant y succède. Une vapeur épaisse, qui s'élève rapidement de la surface de la mer, s'étend, et voile le ciel ; elle reçoit encore les derniers rayons du soleil, qui la colorent d'une teinte rougeâtre ; mais elle s'épaissit de plus en plus, et se change en nuages plombés. Le vaisseau étoit immobile, quand tout à coup une rafale de vent du nord fond sur les voiles encore tendues, fait ployer les mâts, et couche le bâtiment sur le côté. Heureusement le gouvernail, manié par une main exercée, nous fait éviter une submersion totale, et on s'occupe, quoique un peu tard, et avec bien des difficultés, à ployer les voiles. Néanmoins, pendant ce temps nous étions repoussés avec rapidité en sens contraire de notre route, et forcés de revenir dans le canal. Pour surcroît d'embarras, la vapeur, qui d'abord s'étoit élevée, retombe en brouillard épais, qui nous dérobe la vue des côtes, dont nous étions cependant très-voisins, et sur

lesquelles nous avions la crainte de nous briser.
Cette vapeur s'obscurcit de plus en plus, la nuit
arrive, et la plus profonde obscurité nous environne. Nous cherchons à ralentir la marche du
navire, que la double action du vent et des courans entraîne toujours. En ce moment critique,
plusieurs clartés percent le brouillard. Sont-
ce des feux allumés sur la côte, ou bien les
signaux de quelque vaisseau en danger de périr ? La sonde ne trouvant point de fond, nous
mettons en travers pour ralentir notre course,
et alors, voyant ces lumières approcher, nous
jugeons qu'elles appartiennent à un bâtiment
qui partage le péril de notre situation. Pour éviter qu'il ne vienne nous heurter, nous allumons
aussi plusieurs fanaux. Ne pouvant nous maintenir à la même place, nous nous attendions à
quelque fâcheux événement. Il arrive..... Tout
à coup nous éprouvons une forte secousse, et un
bruit inaccoutumé, qui indique un grand frottement, ne nous permet pas de douter que le
vaisseau n'échoue. La quille est soulevée et retombe sur les rochers : la vague l'enlève de nouveau, et le fait heurter avec plus de violence :
il n'obéit plus au gouvernail. Le désordre est
accru par les cris de l'équipage, qui appelle tout
le monde sur le pont pour aider à la manœuvre,
et, dans ce danger extrême, on travaille à lan-

14.

cer la chaloupe à la mer : on sonde autour du
bâtiment, et l'on fait jouer les pompes. Enfin,
les lames, devenant de plus en plus fortes et
fréquentes, enlèvent encore le vaisseau, le
rejettent au-delà du récif, l'en dégagent, et le
font voguer de nouveau : aussi, sans perdre de
temps, et la sonde indiquant que le fond dimi-
nue encore, nous jetons l'ancre sans que personne d'entre nous pût juger où nous étions.
En ce moment, des coups de canon redoublés
nous font présumer que le bâtiment que nous
avions déjà aperçu, et qui nous suivoit à la lueur
de nos fanaux, avoit éprouvé le même malheur ;
mais la mer étoit horrible, et l'obscurité étoit
trop profonde pour songer à lui porter du secours. D'ailleurs, notre état n'étoit guère plus
rassurant.

La nuit s'est écoulée dans une inquiétude
continuelle, et nous attendions impatiemment
que l'aurore nous dévoilât le danger ou les res-
sources de notre situation. Enfin, le jour paroît.
En même temps une forte pluie, dissipant le
brouillard, nous fait découvrir la côte parsemée de rochers, sur lesquels, un instant plus
tard, nous nous serions brisés, n'en étant éloignés que de quelques toises. Sur notre droite,
nous apercevions le malheureux bâtiment qu'involontairement nous avions engagé sur les ré-

cifs : il y étoit échoué, immobile et couché sur
le côté; il disparoissoit à tous momens sous les
lames. La pointe de Gallipoli étoit à notre
gauche ; et, en face de nous, s'élevoit une petite
église dédiée à saint Georges, patron de notre
vaisseau. A cette vue, qui offroit le spectacle
du naufrage à côté du signe d'une religion con-
solante, l'équipage, mu par un sentiment unanime et presque involontaire, tombe à genoux,
élève ses actions de grâces vers le ciel, remer-
cie la Providence, dont la protection spéciale
semble seule nous avoir guidés au travers des
écueils redoutés, et auxquels nous ne pouvions
échapper que par son secours. Les vagues étoient
toujours fort élevées, et le vent très-fort ; mais,
comme il se trouvoit favorable pour gagner le
port de Gallipoli, on résolut d'en profiter pour
se mettre à l'abri de la tourmente, qui pouvoit
augmenter, et à laquelle les avaries que nous
avions souffertes ne nous auroient pas permis
de résister davantage.

La prudence ne nous permettoit pas même
de retirer nos ancres. On s'est contenté d'y atta-
cher des bouées qui, flottant sur l'eau, devoient
aider à les retrouver, et l'on a coupé les câbles.
Ayant presque aussitôt doublé le cap de Gallipoli,
nous avons mouillé à la hâte dans le port, sur
l'ancre de miséricorde, la seule qui nous restoit.

Sur-le-champ nous avons donné avis du malheur arrivé à nos compagnons de voyage , et nous avons appris , avec une vive satisfaction , que l'équipage et les passagers s'étoient sauvés à terre sur leurs chaloupes.

Nous sûmes depuis que c'étoit un bâtiment marchand vénitien , heureusement tout neuf ; car sans cela il n'eût pas résisté à la violence de la tempête ; il étoit chargé de sel , qu'il restitua à la mer pour s'alléger. Par ce moyen, et les secours qu'on lui envoya de Gallipoli, on parvint à le remettre à flot, et il revint quelques jours après dans le port.

LETTRE XVI.

Gallipoli, le 19 février.

Description de la ville de Gallipoli : bazars, fontaines, mosquées, tombeaux, ruines de monumens antiques. — Visite chez un Grec.

Nous sommes à l'ancre en face de l'extrémité méridionale de la ville de Gallipoli. C'est la partie la plus accessible; car, en remontant le canal, la côte est hérissée de rocs éboulés, et il y existe des bas-fonds très-dangereux.

Notre chaloupe a abordé proche d'un petit pont en bois, à l'extrémité duquel se trouve la maison de la douane, où l'on nous a reçus avec les cérémonies accoutumées.

Nous avons ensuite parcouru la ville ; elle est encore assez grande ; mais les ruines qui couvrent des espaces de terrain considérables , même dans son enceinte , ainsi qu'au dehors, font juger qu'elle étoit autrefois bien plus peuplée et infiniment plus étendue. Il reste peu de monumens antiques bien conservés; mais partout l'on voit des fragmens de sculpture et d'architecture.

La plupart des galeries qu'on a établies devant les maisons sont supportées par des colonnes de marbre, dont les chapiteaux servent souvent de base. Au-dessus d'une porte nous avons remarqué une tête colossale de cheval, qui sailloit du mur, et d'autres morceaux de sculpture aussi bizarrement placés. Une haute tour carrée, qui se lie par des murailles à l'ancienne forteresse, nous a paru construite en entier avec des débris divers entassés sans ordre, et qui semblent montrer la précipitation avec laquelle cette bâtisse a été faite : l'on y voit jusqu'à des colonnes couchées parallèlement en forme d'assises. Laissons un moment ces amas de ruines, qui ne nous intéressent que quand elles peuvent servir à expliquer ou à remplacer quelques feuillets de l'histoire ancienne, et écrivons quelques pages de l'histoire moderne.

Les bazars ou marchés ne sont pas ce qu'il y a de moins curieux dans une ville turque. Ceux de Gallipoli sont vastes, fournis de marchandises de toute espèce et de tout pays, rangées avec beaucoup d'ordre, et tenues avec une propreté recherchée.

Ces marchés sont divisés en rues nombreuses ; et, dans chacune, l'on ne trouve qu'une sorte de marchands et de marchandises. Le devant des boutiques s'ouvre comme une porte à deux battans, renversés horizontalement, de manière à procurer une espèce de *montre* ou de comptoir, et un auvent qui met les marchandises à l'abri de la pluie. D'ailleurs, les rues sont couvertes de bannes ou d'un treillage supporté par des colonnes ou des piliers en bois. Ce treillage est recouvert de branches de palmiers, de nattes ou de vignes, qui mettent la foule d'acheteurs et de négocians à l'abri du soleil ; ce qui offre en outre des effets de lumière aussi agréables que piquans.

Dans l'une de ces rues l'on trouve réunis tous les orfèvres, dont les ouvrages en métal précieux ou en filigrane brillent moins par le bon goût des formes, quoiqu'il y en ait d'assez élégantes, que par la prodigalité des ornemens et de la ciselure. Dans une autre rue bien moins riche, mais dont le coup-d'œil est très-agréable, on voit les marchands de bottines et de babouches. Ces chaussures sont de maroquin rouge, jaune ou vert, et la plupart sont couvertes de riches broderies en relief d'or ou d'argent, de perles, et même de pierres précieuses. Ces babouches, réunies sur des tablettes ou suspendues en guirlandes, et formant des dessins réguliers, offrent le plus singulier spectacle.

La rue des parfumeurs et des droguistes n'est pas une des moins agréables, au moins pour l'odorat ; car la profusion des parfums dont les

Turcs font usage s'exhale de ces boutiques, et domine même sur l'odeur de la fumée de la pipe. C'est là aussi où l'on vend le tabac de *Lataki* et de *Salonique*; il est en paquets de feuilles d'un jaune-doré, dont le parfum aromatisé est bien préférable à l'âcreté et au piquant de nos tabacs. Dans la même rue on trouve l'*henné* réduit en poudre, dont on se sert pour donner aux ongles une teinte rosée; le *surmé*, avec lequel on noircit le tour des yeux, et une autre drogue pour teindre les cheveux en une couleur qui paroît violette vue au soleil, et noire à la lumière. On y trouve aussi la terre sigillée ou savon minéral, qui polit l'épiderme. Les femmes en font usage dans les bains, quoiqu'on prétende qu'au lieu de restituer la fraîcheur à la peau, il l'enlève à celles qui en font abus (1).

Enfin ce lieu, fréquenté surtout par les femmes, leur fournit tous les élixirs pour la toilette; les odeurs, les mouches et les compositions de tous genres propres à couvrir les ravages du temps ou à augmenter, aux yeux des Turcs, des attraits qui nous paroissent s'éloi-

---

(1) On nomme aussi cette terre *lemnienne*, parce qu'elle se tire de Lemnos. Pierre Belon donne des détails sur son extraction, ses vertus, etc. Les anciens la connoissoient, et ils prétendoient qu'elle avoit guéri Philoctète de sa blessure. Etienne Albecarius en parle, et on trouve d'autres détails dans l'*Ægeo redivivo*, etc. de François Placentia.

gner beaucoup de l'idée que nous nous formons du beau idéal, ou tout au moins de la beauté piquante de nos jolies compatriotes. Je ne vous parlerai pas des autres marchands, dont le grand art consiste dans l'arrangement de cette diversité de marchandises qu'ils disposent de la manière la plus propre à attirer les regards, et à exciter le désir des acheteurs.

Il n'y a point de spectacle plus intéressant pour un observateur, que la réunion d'individus que présente un bazar ou marché turc. La première fois que j'ai vu cette foule bigarrée de gens de toutes nations, de toutes couleurs, habillés suivant la mode de leur pays, j'ai cru voir se réaliser les tableaux qu'offre la lecture des contes arabes. Les costumes orientaux, par leur forme, leur richesse et leur éclat, sont généralement aussi beaux que les nôtres sont mesquins. Un artiste préférera sans doute ces vêtemens larges, ondoyans, enrichis de broderies ou de fourrures, ces schalls précieux, ces turbans de toutes les formes, à nos chapeaux contournés, à nos habits étroits, écourtés, et à nos échantillons de linge. Les couleurs les plus vives, que nous trouverions dures et tranchantes, mais qui sont en harmonie avec les climats chauds, où le soleil colore les fleurs, et jusqu'au terrain, de teintes aussi variées qu'éclatantes, sont affectées aux personnages les plus respectables, et il est à remarquer que les nuances les plus fraîches, tels que le rose, le vert-pré, le bleu de ciel ou le jaune-citron, sont celles des habits des vieillards, et que les jeunes gens plus modestes se contentent des couleurs obscures ou du blanc.

Dans cette foule, qui se renouvelle sans cesse, on démêle bientôt, avec un peu d'attention, les différentes nations et la diversité des états et des sectes, à la forme des vêtemens, et surtout de la coiffure; mais on peut aussi les reconnoître à leur caractère de physionomie et à leur allure.

On distinguera le Turc au milieu de tous les autres, à son regard superbe, à la gravité de sa voix et de son maintien. Le Grec se fera remarquer par la vivacité et la souplesse de ses mouvemens et de ses manières, à sa prononciation rapide et chantante; l'Arménien, à sa patiente douceur et à son air réfléchi. Quant au Juif, sa physionomie est la même dans tous les pays, et elle est assez connue pour qu'il ne soit pas besoin de son costume particulier pour le faire reconnoître.

Les magasins des bazars se louent fort cher : aussi n'y loge-t-on pas. Chaque rue est fermée à la fin du jour, et on y établit des gardiens

pendant la nuit. Les marchands se retirent le
soir dans leurs maisons, situées dans d'autres
parties de la ville, qui paroissent presque désertes pendant le jour. Nous avons parcouru ces
quartiers, où l'on aperçoit cependant de très-
jolies maisons; nous entendions même, dans
l'intérieur, les femmes rire, folâtrer, chanter
en s'accompagnant des instrumens du pays ;
mais nous ne pouvions les voir, la plupart des
fenêtres étant fermées du côté de la rue, et
ouvertes seulement vers les cours intérieures
ou les jardins.

Le vaste emplacement qu'occupent les bazars, la foule continuelle qui y abonde, la
quantité d'étrangers de toutes nations qu'on
y remarque, tout fait présumer que la ville de
Gallipoli doit être fort riche par ses relations
commerciales : aussi possède-t-elle quelques
monumens qui ne seroient pas déplacés dans
une ville plus importante. Plusieurs fontaines
surtout sont remarquables, tant par leur grandeur que par les matériaux précieux dont elles
sont construites. L'une de ces fontaines, bâtie,
nous a-t-on dit, par un visir, se trouve à l'angle
d'un carrefour. Le dôme, recouvert en plomb
doré, attire de loin les regards, et se termine
par une corniche très-saillante. Le dessous est
enrichi de compartimens arabesques, où l'or se

marie aux couleurs les plus vives. Ce dôme est soutenu par des colonnes et des pilastres de beaux marbres, les unes toutes d'une pièce, les autres par assises alternées de plusieurs couleurs. Ces colonnes et ces pilastres posent sur un soubassement de marbre sculpté, peint et doré, au bas duquel se trouvent les robinets et les réservoirs qui servent pour les ablutions et pour abreuver les chevaux et les bestiaux : il y a même de petites auges, situées beaucoup plus bas, pour les chiens et les chats. Le vide d'une colonne à l'autre est rempli par une grille dorée, à losanges et à fleurons, au bas de laquelle, à hauteur d'appui et sur la saillie du soubassement, on a ménagé une quarantaine de petites ouvertures en arcades, dont chacune contient un vase de métal du Levant très-brillant. Ces vases, attachés par leur anse à une petite chaîne de cuivre, sont continuellement remplis d'eau par des gardiens qui se tiennent dans la pièce intérieure, où est le réservoir. L'eau se répand de là vers les fontaines particulières des maisons et dans les usines où elle peut être utile. On remarquera, dans la vue que je donne de la place de la grande mosquée, une autre petite fontaine isolée, qui est d'un style arabesque très-élégant. Un beau sarcophage antique, orné de têtes de béliers et de guir-

Pl. 18.

Castellan del et sculp.t

Place de la grande Mosquée et du Bazar de Gallipoli.

landes, sert de réservoir : il y a même une inscription grecque assez longue, qu'on ne nous a
pas permis de copier. Ce sarcophage est élevé
sur une base, aussi bien en proportion que
l'ensemble de ce petit monument.

Il est rare que les Turcs ne mutilent pas les
matériaux antiques dont ils se servent en les
adaptant à leur usage, et il seroit à désirer
qu'ils les employassent toujours aussi heureusement qu'ils l'ont fait à l'égard de ce tombeau,
qui, selon les apparences, abrité comme il l'est,
et consacré à l'utilité publique, sera aussi respecté par les Turcs, que tous les établissemens
de ce genre. Le même dessin donnera l'idée
des rues des bazars, et de la disposition des
boutiques (*Planche XVIII*).

La mosquée que l'on voit sur cette place est
un bâtiment dont le plan est assez régulier ;
mais la décoration de la façade est singulière,
et contre toutes les règles de l'architecture et
du goût. On monte, par un escalier d'une douzaine de marches, à un vestibule dont le toit,
extraordinairement saillant, est soutenu par
une lourde charpente. La balustrade qui règne
en avant est revêtue de riches tapis qui pendent
au dehors. C'est sous ce vestibule que les Turcs
déposent leurs babouches, avec lesquelles ils
n'entrent jamais dans les mosquées, ni même

dans leurs appartemens. Trois portes donnent entrée dans le temple. Au-dessus de celle du milieu est une table de marbre blanc, avec une inscription dont les caractères sont dorés et en relief. L'intérieur de l'édifice est éclairé par des fenêtres assemblées trois par trois, et plusieurs rangs de piliers supportent des dômes demi-circulaires, qui forment la couverture.

La saillie prodigieuse des toits et la multiplication des encorbellemens de la plupart des maisons, sont un des caractères distinctifs de la manière de bâtir des Turcs. On pourroit en quelque sorte excuser la manie de ces toits saillans par l'utilité qui en résulte, celle de mettre les étages inférieurs à couvert de l'ardeur du soleil, et de ménager un abri aux passans contre la pluie. Il y a même des exemples en Italie de ces toits en saillie, qui, supportés par des loges à jour ou par des colonnades, loin d'être ridicules, couronnent les palais d'une manière aussi légère qu'élégante ; mais les Turcs, loin de chercher à accorder le bon goût avec l'utilité, sacrifient l'art à des considérations souvent puériles, comme on peut le remarquer à l'égard du péristyle de cette mosquée. En effet, la saillie de ce péristyle devoit paroître suffisante pour l'usage auquel il est destiné, et les piliers ou colonnes qui soutiennent

le toit formoient une décoration convenable;
mais, ayant imaginé d'orner la balustrade de
tapis, il falloit une saillie extraordinaire pour
les abriter, et l'on n'a trouvé d'autre moyen,
pour soutenir cette espèce d'auvent, que d'employer d'immenses poutres inclinées qui forment
un angle aigu avec les piliers, et produisent
l'effet le plus désagréable.

La ville de Gallipoli est ancienne. On fait
dériver son nom de *Caligulæ portus* ou *Caligulæ
polis*, ville ou port de Caligula, parce que cet
empereur l'enrichit de nombreux monumens (1).

Elle continua d'être un port très-fréquenté
dans le moyen âge. C'est à Gallipoli que l'empereur d'Allemagne, Frédéric, passa le détroit
avec son armée de Croisés, peu de temps avant
la malheureuse imprudence qui leur coûta la
vie.

Ce prince, suivant les conventions qu'il avoit
faites avec l'empereur grec, trouva, dans le

---

(1) Je ne sais pas sur quelle autorité on se fonde pour dériver le
nom de *Gallipoli* de *Caligulæ portus* ou *Caligulæ polis;* mais ce qu'il
y a de certain, c'est que Tite-Live, le premier auteur qui en fasse
mention, l'appelle *Callipolis*, et que c'est ainsi que beaucoup d'autres
la nomment après lui. Si, dans les auteurs du moyen âge, on la
trouve appelée Καλλιουπολις, ils dérivent ce nom d'un certain
Callias, et du moins la composition en est conforme à son origine;
mais je ne vois pas comment l'empereur Caligula auroit pu fonder
Callipolis, qui existoit long-temps avant lui. (*Note communiquée
par M. Barbié du Bocage, membre de l'Institut.*)

port de Gallipoli, beaucoup 'plus de vaisseaux qu'on ne lui en avoit promis ; tant Isaac avoit hâte de se délivrer de ces dangereux hôtes, qui s'étoient parfaitement remis de leurs fatigues, et enrichis à ses dépens dans un si bon quartier d'hiver.

« Il y avoit, tant en barques qu'en brigantins, en galiotes et en galères, jusqu'à quinze cents bâtimens (1). Ainsi l'armée, à laquelle plusieurs nouveaux croisés s'étoient venus joindre, et qui se trouvoit du moins aussi florissante qu'elle l'étoit en sortant d'Allemagne, ayant commencé à passer le jour du Vendredi-Saint (23 mars 1190), traversa l'Hellespont en sept jours. Ce fut avec tant de bonheur, qu'il ne se perdit pas un seul homme dans ce passage, par les soins qu'en prit l'empereur, qui, sé défiant toujours de la foi des Grecs, et craignant qu'ils n'entreprissent de donner sur les derniers, quand les premiers seroient passés, ne voulut s'embarquer qu'après ses troupes, comme il fit le septième jour qu'il alla les joindre heureusement dans l'Asie, auprès de Lampsaque. »

L'an 758 de l'hégire, Orcan ou Orkhan, second sultan des Ottomans, fit passer l'Hellespont sur des radeaux à Soliman-Schah, son

____

(1) Le P. Mainbourg, *Hist. des Croisades*, vol. II, pag. 230.

fils aîné, lequel, étant abordé à Madra avec un bon nombre de troupes, prit cette ville d'assaut, ainsi que celle de Ramnah, qui n'en étoit pas fort éloignée. L'année suivante, Soliman-Schah, après avoir élargi ses quartiers en Europe, entreprit le siége de Calliopolis (Gallipoli); ville importante, laquelle, ayant été prise par force, ouvrit à Orkhan et à ses successeurs les portes de toute la Grèce. En effet, cent ans après, Mahomet II s'en empara de nouveau, la fortifia, et construisit un château sur cette côte avant de marcher sur Constantinople. Depuis, elle tomba entre les mains des Vénitiens, auxquels on attribue plusieurs grandes constructions.

L'un de ces monumens me paroît cependant déceler une origine plus ancienne : ce sont des remises pour les galères et autres petits bâtimens ; situées au bord de la mer, elles sont formées de murs épais, parallèles entre eux, et percés d'arcades plein cintre, comme celles des aqueducs, mais plus éloignées l'une de l'autre. Ces murs, qui s'avancent dans la mer, sont terminés de ce côté par des éperons de la même forme que ceux des ponts ; ils servent aussi à fendre les flots, et opposent une barrière étroite au courant, qui, par ce moyen, ne peut prendre l'extrémité de ces murs que sur une face oblique, sur laquelle l'eau glisse, au lieu de les frapper directement.

Voici les raisons qui me portent à supposer ces constructions plus anciennes qu'on ne le croit communément : on reconnoît ici, à l'appareil des pierres et à leur mélange avec de grandes briques, la manière d'opérer des Romains du temps des Empereurs. Le peu de largeur de ces remises feroit aussi penser qu'elles n'ont jamais pu contenir les galères de la république de Venise, au plus haut degré de sa puissance, lorsqu'elle possédoit Gallipoli, et certes je doute fort, malgré les récits magnifiques des historiens, que les vaisseaux romains pussent entrer en comparaison avec ces galères ; car ces remises ne pourroient servir tout au plus qu'à recevoir de petites tartanes et des félouques, quoique Pierre Belon dise que, de son temps, vers 1550, « on voyoit les galères » vénitiennes tirées à sec dans le port de Galli- » poli, le long du rivage, dessus des pilotis » couverts de *limandes* et *merrain*, fait en » manière d'arsenal. »

Il existe aussi dans la ville d'autres monumens, tels qu'un pont en pierres de trois arches, qui porte le caractère de solidité et d'élégance attaché aux ouvrages des anciens.

Dans les ruines de la forteresse on ren-

Constructions antiques à Gallipoli.

contre encore d'autres traces de constructions antiques, surtout dans un petit port intérieur qui paroît avoir été creusé par les Romains, et entouré de quais revêtus de grandes pierres parfaitement jointes. Ce petit port est presque comblé en ce moment, et il n'a jamais pu contenir que de très-petits bâtimens.

On voit aussi près de là d'immenses ruines à plusieurs étages. Dans le dessin que j'en donne, l'on remarquera une arcade qui sert encore de porte, et trois arceaux murés, et plus petits, qui en supposent autant du côté opposé, maintenant ruiné (*Planche XIX*).

L'arc du milieu donne entrée dans une galerie intérieure en arcs de cloître, encore existante en partie, et qui entouroit une vaste cour. Des murs fort épais, dont quelques pans s'élèvent vers la gauche, forment un étage supérieur, percé de croisées. On peut supposer que ce grand bâtiment étoit destiné à un usage public, tel qu'à servir de grenier d'abondance, de marché ou de halle; car le style sévère, et simple autant que solide, de ces constructions, ne paroît pas désigner un palais ou toute autre maison d'habitation. Au reste, la solidité des voûtes, la manière régulière dont elles se pénètrent, les arêtes vives et la coupe savante des pierres font juger du soin, de l'intelligence qui a présidé à cette construction, et lui donnent tous les caractères de monumens romains.

Notre curiosité, sans cesse distraite par de nouveaux objets, les obstacles que nous rencontrions pour la satisfaire, et surtout la difficulté de dessiner avec soin et de prendre des mesures, ne nous permettoient que de faire à la hâte de légers croquis : aussi ne pouvons-nous donner qu'une foible idée de l'extérieur de ce monument, qui peut être aussi intéressant à observer en détail, que la plupart des vastes ruines qui entourent la ville moderne.

Si nous étions contrariés dans la recherche et l'examen que nous faisions des antiquités, nous n'avions pas les mêmes craintes à l'égard des constructions turques. Notre curiosité étoit même flatteuse et agréable pour eux, et nous avons pu en conséquence dessiner et mesurer exactement plusieurs petits monumens, tels que fontaines et tombeaux, qui nous ont paru remarquables par leur élégance, et quelquefois par l'accord de leurs proportions. De ce nombre est la fontaine figurée (*Pl. XX*). Cette même planche donne une idée de la vue intérieure de la ville. On y voit la tour dont j'ai parlé précédemment, une petite mosquée, et les constructions antiques qui servoient d'arsenal pour les vaisseaux.

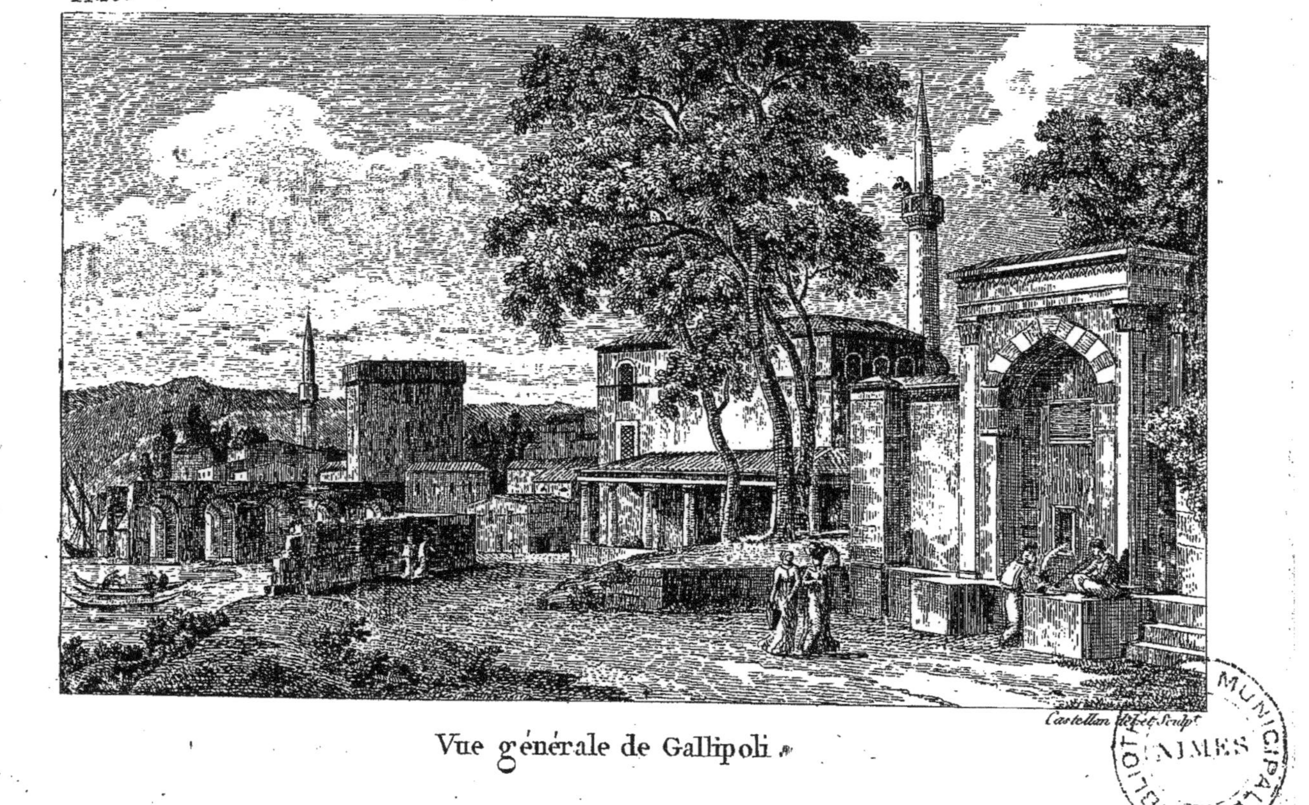

Vue générale de Gallipoli.

Vue d'un Tombeau à Gallipoli.

J'ai dessiné le plan et l'élévation de plusieurs chapelles sépulcrales. On y remarque l'appareil d'assises de marbre de différentes couleurs. Ce mode de construction est fort en usage chez les Turcs, ainsi que la forme de leurs arceaux, qui ne sont point ogives comme dans les monumens gothiques, ni plein cintre comme dans ceux des Romains, mais terminés, vers le claveau, par deux portions de cercle qu'on peut comparer au double talon ⌒. Dans l'une de ces chapelles, le tombeau tout en marbre blanc forme une caisse dont les deux bouts sont élevés verticalement de plusieurs pieds, et taillés sur un dessin contourné. Sur les côtés sont incrustées des inscriptions en lettres noires. La caisse est recouverte par deux dalles de marbre, en forme de toit. (*Planches XXI* et *XXII.*)

Pierre Belon parle de tombeaux antiques en forme de cône, pareils apparemment à ceux de la Troade. « On voit auprès de Gallipoli, dit-il, » des sépulcres antiques des rois et des empe- » reurs de Thrace, faits comme une butte ronde, » qui ressemblent à de petits monticules : on » en voit plus loin sur les montagnes. » Nous n'avons pas été à portée d'observer ces tombeaux, et peut-être même n'existent-ils plus maintenant.

En sortant de la ville du côté du nord, la

côte est escarpée. C'est sur cette hauteur que se trouvent les tombeaux turcs dont j'ai parlé précédemment, et une grande quantité de ruines, au travers desquelles on voit çà et là quelques maisons. Cet endroit paroît avoir subi un grand bouleversement. Des masses énormes de rochers ont croulé dans la mer : d'autres, suspendus sur le vide d'une manière effrayante, laissent entre eux des passages étroits et tortueux, qui ressemblent à un labyrinthe. Il n'est pas besoin d'un événement extraordinaire pour expliquer ce bouleversement. On peut l'attribuer à l'effet de l'infiltration des eaux de la mer, qui ont peu à peu sapé les piliers soutenant les voûtes de carrières dont on voit encore les vestiges. Ces soutiens, venant à manquer, auront fait écrouler toute la plate-forme supérieure.

Quoi qu'il en soit, ce n'est pas sans un certain plaisir dont on ne peut rendre raison, et qui est commun surtout chez les artistes, que nous errions au milieu de ces débris, qui présentent des effets très-pittoresques. Quoique bien près du tumulte de la ville, nous ne devions entendre, en cet endroit, d'autre bruit que celui des vagues qui frappent en bouillonnant sur les rocs, et nous nous figurions être dans une solitude complète, lorsque les accords harmonieux d'une musique qui sembloit aérienne, excita notre surprise et notre curiosité. A mesure que nous changions de position, les sons répercutés par les rochers se faisoient entendre d'une manière distincte, ou sembloient se perdre et s'éteindre dans l'éloignement. Trompés à tout moment par ces effets de l'acoustique, nous suivions un sentier frayé, lorsque nous rencontrâmes un Grec, avec lequel nous avions eu quelques relations pour l'approvisionnement de notre navire. Il nous reconnut : nous lui parlâmes de l'objet de nos recherches ; il sourit, et nous engagea à le suivre chez lui pour nous y reposer et nous rafraîchir, sa maison étant dans le voisinage. En effet, nous arrivons bientôt auprès d'une petite porte percée dans un mur d'enceinte assez élevé. Il ouvre : nous entrons dans une cour ombragée par des orangers, et au fond de laquelle se trouvoit un joli pavillon construit légèrement, à la manière du pays, mais peint au dehors avec des couleurs vives et assez bien contrastées.

Notre conducteur nous introduit aussitôt dans une espèce de parloir élégamment meublé, et divisé en deux parties par une balustrade à jour et des colonnes minces ornées de chapiteaux arabesques. La première division de cette chambre boisée en marqueterie, formoit une sorte de vestibule percé de deux portes en regard, et sur lesquelles retomboient de riches portières en étoffes de soie. L'autre division étoit élevée de plusieurs marches. Des tapis recouvroient le plancher, et les sophas du divan étoient d'une étoffe également en soie, qui provenoit, à ce qu'il nous dit, de nos manufactures de Lyon. Quatre fenêtres très-rapprochées, et qu'il entr'ouvrit, nous permirent d'apercevoir un jardin qui paroissoit bien entretenu.

Lorsque nous fûmes assis, notre hôte frappa des mains, à la manière des Turcs, qui ordinairement ne donnent des ordres à leurs esclaves que par signes. On doit cet usage à celui observé dans le sérail, où le Grand-Seigneur est servi par des muets. D'ailleurs, le respet qu'on a pour ce lieu ne permet pas d'élever la voix, et les grands entre eux ne parlent autrement que par signes. On est même parvenu à tenir par ce moyen les conversations les plus longues et les plus expressives. Au reste, cet usage est très-ancien, et les Turcs peuvent l'avoir emprunté des Romains. Tacite rapporte que Pallas, affranchi de Claude, ayant été accusé de conspiration, et le délateur nommant des affranchis qu'il disoit être les complices de leur maître, Pallas se justifia en déclarant que, dans sa maison, il ne donnoit jamais aucun ordre que par signes et par gestes, et que, si la chose exigeoit quelque détail, il écrivoit pour ne pas se compromettre en parlant à ses gens.

Notre Grec donna donc de cette manière ses ordres au domestique, qui revint aussitôt avec des pipes et un brasier allumé, qu'il posa sur un trépied. Un moment après, à un second battement de mains, nous vîmes soulever la portière, et deux jeunes personnes entrèrent d'un air modeste ; fort jolies et couvertes d'un voile de mousseline brodée et transparente, ajusté à la grecque, c'est-à-dire de manière à faire ressortir plutôt qu'à dérober leurs attraits ; elles nous saluèrent en portant la main à leur cœur, et, s'inclinant sur la main de leur père, elles la portèrent à leur front. C'étoient en effet les filles de notre hôte. Nous étions loin de nous attendre à cette agréable visite, contraire aux usages généralement reçus dans ce pays. L'une de ces jolies Grecques tenoit un coffret ; elle y prit des pastilles du sérail, qu'elle jeta sur les charbons. Sa sœur nous présenta alternativement des conserves de confitures et des fruits secs et parfumés. Peu habituées sans doute à voir des étrangers, ces charmantes filles étoient dans une contrainte que nous désirions voir cesser, quelque plaisir que leur présence nous procurât. Au reste, leur timidité parut s'évanouir dès qu'elles furent rentrées dans leur appartement, et elles

commencèrent un petit concert, mariant fort
agréablement leurs voix flexibles aux sons d'instrumens qui ressembloient beaucoup à ceux de
la harpe, et qu'on nous dit être la lyre. Les ordres
de leur père, ou plutôt la coquetterie leur inspira cette manière de faire regretter leur présence, et de la prolonger en quelque sorte pour
nous. En ce moment nous reconnûmes aussi
les mêmes accords qui nous avoient déjà char-
més, et qui partoient en effet de cette même
maison bâtie sur les rochers qui dominent la
côte.

C'est dans des habitations pareilles que les Grecs
passent le temps qu'ils dérobent à leurs affaires ;
d'autant plus heureux, que leur bonheur est un
mystère qu'ils cherchent à rendre en quelque
sorte impénétrable aux Turcs. Leurs maisons
sont situées dans des quartiers éloignés, entourées de murs élevés, et ne présentent à l'extérieur aucune décoration qui annonce le luxe. Ils
emploient ces moyens pour échapper aux *ava-
nies* que les pachas ou même les officiers subal-
ternes se permettent sans raison apparente ,
n'en alléguant d'autre que leur bon plaisir. Les
Grecs, et surtout les Juifs, à qui ils supposent des
richesses, se voient souvent exposés à la demande
de sommes qu'ils ne peuvent refuser sans se
rendre coupables de rébellion ; mais ces mêmes

gens qui, le matin, vêtus d'une étoffe grossière
dans leurs magasins ou dans les rues des bazars, s'inclinent devant le mendiant turc, et
tremblent à l'aspect du janissaire armé d'une
simple baguette, changent de rôle lorsqu'ils
rentrent chez eux ; ils dépouillent alors leurs
sous-guenilles, et se revêtissent d'habillemens de
soie et de riches fourrures. Le petit marchand
du matin s'endort le soir aux sons d'une musique
délicieuse, couché sur des coussins de satin, et
respirant une atmosphère embaumée par les
fleurs les plus rares. C'est ainsi qu'ils savent se
dédommager, dans l'intérieur, des privations
qu'ils s'imposent au dehors. Ils sont despotes
dans leur petit domaine : entourés d'esclaves qui
obéissent au moindre signe ; de maîtresses ou de
femmes toujours prêtes à satisfaire leurs caprices ou leurs désirs ; d'enfans élevés dans la
soumission et le respect le plus profond pour le
chef de la famille. Au milieu des recherches du
luxe et de tous les raffinemens de la sensualité,
ils coulent des jours qui seroient heureux s'ils
n'étoient sans cesse empoisonnés par la crainte
de les voir finir dans la misère, et quelquefois
même terminés par le fatal lacet, ou le supplice
encore plus cruel de la bastonnade ; crainte fondée
sur l'exemple des caprices de la fortune, moins

rares dans cette contrée qu'ailleurs : affreuse
destinée qui, suspendue comme l'épée de Da-
moclès, menace tous les individus, et fait trembler le sultan lui-même sur son trône !

LETTRE XVII.

Lampsaki, le 25 février.

Description de Lampsaki; usages et mœurs de ses habitans. — Rencontre d'un derviche. — Barbiers turcs.

Nous avons fait ce matin une tentative infructueuse pour sortir du canal des Dardanelles, et entrer dans la mer de Marmara. Le vent étoit favorable, mais si foible, que nous avons été obligés de faire remorquer le bâtiment par les chaloupes. A peine avions-nous doublé la pointe du cap sur lequel la ville de Gallipoli est construite, que le calme est survenu. Un courant très-rapide nous a entraînés, et nous a portés bientôt plus bas que le point d'où nous étions partis. Alors le vent ayant sauté au nord, il a fallu tourner vers Lampsaki, où l'on a mouillé un peu au-dessous de la ville.

Nous avons débarqué aussitôt pour visiter l'emplacement d'une ville célèbre, où les voyageurs qui nous ont précédés, prétendent cependant qu'il n'existe aucun vestige d'antiquités. A peine la chaloupe eut-elle abordé, qu'on l'amarra à une colonne de granit, plantée sur le bord de la mer, et destinée à cet usage, ainsi que plusieurs autres colonnes qu'on voit dispersées sur le rivage.

Sur la plage, à droite de l'entrée de la ville, j'ai aussi remarqué une enceinte formée de murailles assez basses. Au pourtour sont des tables de marbre blanc, disposées comme pour servir de siéges; et, à l'extrémité, sur une base élevée, on voit une espèce de chaire à prêcher, également en marbre blanc. Ce local n'est point embarrassé de décombres, et paroît fréquenté. D'après le rapport des habitans, il sert à quelque cérémonie religieuse, et l'iman se place dans la chaire pour lire tout haut des passages du Coran. C'est le seul monument de ce genre que j'ai vu en Turquie. Les Turcs ne se livrent à leurs pratiques religieuses que dans les mosquées, et rarement en plein air, si ce n'est lorsqu'ils se trouvent à la campagne loin des mosquées, en voyage, ou lors de leur fête du Ramazan.

Ces marbres n'ont pas été taillés par les Turcs; ils ont probablement été arrachés à quelque construction du même genre, tel qu'un théâtre, qui pourroit avoir donné l'idée de ce monument singulier.

Les maisons de Lampsaki sont construites avec des débris antiques, et souvent la façade est bizarrement ornée de très-beaux fragmens. Des frises sculptées sont dressées verticalement aux côtés d'une porte, dont une petite colonne forme le couronnement. Nous avons vu dans les rues plusieurs tronçons en marbre de colonnes cannelées, d'un très-fort diamètre : on les a creusés, et ils servent, en guise de mortier, pour battre le grain, et le dégager de son enveloppe. Ailleurs, une corniche d'ordre corinthien, chargée d'ornemens travaillés avec délicatesse, formoit le réservoir d'une fontaine, ou plutôt un lavoir où des femmes étoient occupées à laver du linge d'une blancheur moins éclatante que celle du marbre de ce fragment qui sans doute avoit appartenu à un magnifique édifice. D'autres fragmens dont l'énumération seroit trop longue, sont convertis en bornes, employés à des fondations et à des usages enfin bien étrangers à leur origine.

Tant d'indications, qui s'offrent aux regards les moins attentifs, auroient dû faire naître la curiosité des amateurs de l'antiquité; mais il paroît que les voyageurs se sont contentés des réponses évasives des habitans, qui dérobent de tout leur pouvoir, à la connoissance des étrangers, les monumens antiques, dans la crainte de se voir dépouillés des trésors qu'ils croient enfouis sous ces ruines, et que les Francs ont, assurent-ils, le secret de retrouver.

Jetons maintenant un coup d'œil sur les habitans modernes de la Sybaris d'Asie, de cette Lampsaque, dont le nom seul éveille les idées de luxe, de mollesse et de galanterie. Ce n'est plus maintenant qu'un misérable village, dont les habitans sont pauvres, quoique assez industrieux. Les femmes filent ou font de la toile au métier. Les campagnes sont cultivées avec intelligence. Nous avons trouvé dans les boutiques peu d'objets de simple commerce ; mais ceux de première nécessité, les comestibles surtout, y abondent. Nous y avons acheté d'excellent pain, d'autres provisions, et des dattes encore fraîches, qu'on apporte de l'intérieur du pays dans des paniers de feuilles de palmier. En cet état, ces fruits ont la chair ferme, blanche, sucrée et un peu farineuse, la peau tendue et d'un rouge doré. Pour le goût, ces dattes diffèrent beaucoup de celles qu'on transporte dans nos ports de mer.

Nous nous sommes arrêtés devant une boutique où l'on préparoit une sorte d'aliment qui se vendoit à mesure et tout chaud : c'étoit une pâte assez liquide pour s'échapper d'une espèce d'entonnoir, et qui, tombant sur un large plateau de cuivre, échauffé par-dessous, et arrosé d'huile d'olive, prenoit la forme du macaroni. Ce mets est appelé *kadaïph* en turc.

Nous avons vu cuire de la même manière de

gros pois chiches : étendus sur le même plateau, on les tournoit de manière que ces légumes pussent, en roulant, s'imprégner d'huile et cuire également. Ils devenoient croquans, et ce mets fort simple n'étoit pas désagréable. Les Turcs l'appellent *lablabi*. Les enfans, et surtout les buveurs, en font grand usage, parce qu'ils prétendent qu'il excite à boire. Les Romains faisoient aussi rôtir ces pois, et en mangeoient par désœuvrement, lorsqu'ils devoient veiller une nuit entière (1).

Nous avons remarqué sur l'appui d'un autre magasin un grand panier rempli de diverses monnoies de cuivre, que le marchand nous assuroit être des médailles antiques. Nous y avons reconnu des sous de France, des *bajocco* de Rome, et d'autres monnoies de divers pays ; mais nous n'y avons vu qu'un petit nombre de médailles de peu de valeur. Peut-être, avec plus de connoissances dans ce genre, aurions-nous pu y faire quelque découverte. Je n'ai pu savoir si l'on exploitoit encore à Lampsaki, comme du temps de Belon, une veine de terre grasse (2), que les Grecs appellent *pilu*, dont les femmes turques font usage pour blanchir la peau, et qui

---

(1) Pline, liv. XXII, chap. xxv, et liv. XVIII, chap. xii.

(2) M. Poussich, drogman de France, m'assure qu'elle existe encore à Lampsaki.

paroît être la même dont les Latins se servoient sous le nom de *terra chia*. On détrempe cette terre, et l'on en fait une sorte de pommade dont, en entrant dans le bain, les femmes se frottent le corps, le visage et les cheveux (1).

Nous avons retrouvé à Lampsaki la vive curiosité des Grecs. Les femmes n'étoient pas, à beaucoup près, aussi farouches que sur la côte d'Europe ; elles ne fuyoient pas à notre aspect : plusieurs même se montroient à leurs fenêtres avec une sorte de coquetterie, et à visage découvert.

Les hommes y ont aussi conservé le goût des spectacles. Nous avons été témoins d'une scène que l'ignorance de la langue ne nous a pas permis d'interpréter, mais qui avoit attiré de nombreux spectateurs. Une estrade, élevée à l'extérieur d'un café, servoit de théâtre à un Turc, grand, maigre, hâlé, portant une longue barbe, coiffé d'un bonnet pointu, et vêtu d'une mauvaise robe de soie jaune, assujétie par une courroie. Ses jambes étoient nues. Il se promenoit lentement de long et de large, les bras croisés sur la poitrine ; et, les yeux tournés vers le ciel, il récitoit gravement, avec une prononciation

___

(1) Avicenne appelle cette terre *terra capillorum*. Dioscoride exprime ainsi ses vertus : *Extendit faciem , colorem in facie et toto corpore commendat , in balneis pro nitro deterget.*

accentuée et même chantante, je ne sais quelle
prière, ou bien il s'arrêtoit et faisoit les gestes
et les contorsions les plus bizarres, qu'il accompagnoit d'un cri aigu et inarticulé. La foule qui
l'entouroit, le regardoit en silence, ou l'encourageoit par quelques exclamations.

Nous n'avons pas attendu la fin de cette scène ;
nous aurions craint de nous oublier jusqu'à manquer de respect à ce saint personnage ; car ils
considèrent comme tel ce derviche ou santon,
qui, nous a-t-on dit, appartient à l'un de ces
nombreux ordres mendians, dont la principale
occupation est de courir les provinces de l'empire ottoman pour y faire des prosélytes, et
surtout des dupes. Au reste, les Turcs éclairés et
de bonne compagnie se moquent de ces charla-
tans, et la mauvaise robe du derviche me rappelle un trait raconté par Lamay dans ses *La-
thaïf* ou plaisanteries dans lesquelles il a inséré
des maximes fort sévères pour les religieux (1).

Un derviche qui avoit perdu un œil, et qui
avoit la cervelle un peu dérangée, demeuroit
jour et nuit dans une grotte, où il souffroit
beaucoup à cause de sa nudité ; il s'adressa un
jour à Dieu, et lui dit : « Créateur des hommes,
» je n'ai point honte d'être borgne, et je ne me

______

(1) *Voyez* d'Herbelot, *Bibliothèque orientale.*

» plains point de ce qu'il vous a plu de me faire
» tel ; mais je souffre beaucoup à cause du froid,
» et j'ai absolument besoin d'un habit. Je sais
» bien qu'il ne m'appartient pas de vous faire
» cette instance ; mais enfin, où est votre libé-
» ralité, et qu'est devenue cette profusion de
» grâces que vous répandez sur tous les hommes,
» si vous m'abandonnez au besoin ? »

Il n'eut pas plus tôt dit ces paroles, qu'un de
ses camarades, qui étoit caché, lui fit entendre
ces mots : « Si vous avez trop froid dans votre
» grotte, sortez-en, et réchauffez - vous à mon
» soleil. » Le derviche crut que cette voix venoit du ciel, et répartit aussitôt : « Quoi donc !
» Seigneur, n'avez-vous point d'autre habit à
» me donner que le soleil ? En vérité, la libé-
» ralité n'est pas trop grande. » La même voix
répliqua : « Borgne insolent, attends encore huit
» jours, et tu auras un habit qui ne te coûtera
» rien. »

En effet, au bout de la semaine, le santon
vit un vieillard qui lui présenta un *khircah*,
ou robe de derviche, si vieille, si usée et si
rapetassée, que, lorsqu'il l'eut bien considérée,
il s'écria : « Seigneur, qui gouvernez toutes les
» choses de ce monde, est-ce là tout l'ouvrage
» que vous avez pu faire en huit jours ? Vous
» ne vous êtes pas ennuyé de garder cette

» robe, et vous ne l'avez pas laissée sortir de
» vos mains tant qu'il y a eu un seul lambeau
» entier. » Il ajouta encore plusieurs autres
discours dignes d'un extravagant.

Ce que nous remarquons à peine dans notre
patrie, parce que nous y sommes habitués,
devient l'objet de notre curiosité lorsque nous
visitons les pays étrangers. Alors les actions les
plus communes acquièrent de l'intérêt, au
moins par leur nouveauté. L'on nous avoit
vanté l'adresse des barbiers turcs. Nous avons
voulu faire l'essai de leur talent. La boutique
où nous sommes entrés, ressembloit assez à
un café. La bonne compagnie s'y rassemble,
l'on y prend des rafraîchissemens ; et, au défaut
de journaux, l'on se transmet les nouvelles,
dont les barbiers sont en possession dans tous
les pays d'être les mieux instruits. Il en étoit
de même chez les anciens ; et, si l'on en croit
Plutarque, c'est à un barbier que l'on dut la
découverte de la conjuration de l'eunuque Po-
thin, qui devoit poignarder César dans un
repas.

La salle où nous étions n'avoit point de fenêtres ; mais elle étoit éclairée par les ouvertures de la voûte, disposées, comme dans les
bains turcs, en rangs concentriques, et fermées
par des cloches de verre à peu près de la forme

de celles dont on se sert dans nos jardins potagers. Du centre de la coupole pendoient plusieurs cerceaux de différens diamètres, attachés horizontalement par des cordes au-dessus l'un de l'autre, et formant une sorte de lustre, qui servoit à étendre et à faire sécher le linge à l'usage de la toilette des Turcs. Immédiatement au-dessous s'élevoit un autel carré, qu'il n'a pas tenu à nous de croire antique, et sur lequel on entretenoit de la braise destinée à chauffer l'appartement, sécher les linges, et allumer les pipes de la compagnie. D'ailleurs, dans un angle de la pièce, il y avoit une petite cheminée, dont l'âtre est élevé de plusieurs pieds, et où l'on fait bouillir le café et l'eau des ablutions. Les murailles, qui sont recouvertes de boiseries enjolivées de ciselures et d'incrustations de différens bois, étoient en outre garnies de miroirs à manche, de rasoirs, de lanières de cuir, enfin de longues touffes de cheveux de différentes couleurs, et sur lesquelles les peignes étoient implantés (1). On remarquoit aussi, sur la saillie de la corniche, des vases de différentes formes, des bouteilles d'essence, des tasses, etc.

---

(1) Nous ne savons trop comment accorder cet usage profane avec le respect que les Turcs portent à cette touffe de cheveux qu'ils laissent croître au sommet de leur tête, et par laquelle ils prétendent que leur bon ange doit les saisir pour les hisser dans le paradis.

Les estrades où s'asseyent ceux qui se font raser, sont distribuées des deux côtés de la salle, et le divan en occupe le fond. Dans cette partie séparée du reste de la boutique par une balustrade et des pilastres, le plancher est à hauteur d'appui, disposé en pente comme nos lits de camp, et couvert d'une natte. Nous y avons vu plusieurs Turcs qui dormoient d'un profond sommeil; d'autres qui, en attendant leur tour, fumoient à la manière accoutumée ou avec des pipes persanes qu'on leur fournit, et qui sont plus recherchées; elles diffèrent des autres en ce que la fumée du tabac traverse un vase de verre rempli d'eau rose, parcourt les longs replis d'un tuyau en cuir, et n'arrive à la bouche qu'après avoir perdu, dans ce long trajet, toute son âcreté; en passant à travers cette eau parfumée, elle y contracte même un goût fort agréable.

Nous avons vu faire la tonte des cheveux; car les Turcs, comme l'on sait, ne se font pas raser la barbe, mais la tête. Au-dessus de la place où l'on s'assied, il y a un long crochet fixé au plancher, et auquel on suspend un vase de métal, percé d'un petit trou à son extrémité inférieure. Le barbier remplit ce vase d'eau tiède, et, faisant incliner la tête sur un grand bassin, aussi de métal, sans échancrure, il vous

soumet à cette douche, frottant alternativement, avec du savon et avec la main, non seulement le crâne, mais encore toute la figure et
le cou ; il s'accroupit ensuite sur une escabelle
élevée, et, prenant la tête par les oreilles, il la
fixe entre ses genoux, et commence son opération, qu'il exécute avec tant d'adresse et de
dextérité, qu'il a l'air de jouer avec son immense
rasoir, et qu'on ne s'aperçoit presque pas d'en
être touché, quoique la peau reste nette et sans
la moindre apparence de poil. Ces rasoirs ont
plusieurs pouces de large : ce sont de véritables
damas, si bien trempés, que le tranchant peut
en être aminci d'une manière surprenante, et
qu'il paroît ployer sans pour cela qu'il s'ébrèche
jamais. Après vous avoir rasé, le barbier vous
nettoie les oreilles, vous coupe les ongles, et,
tirant vos doigts l'un après l'autre, il les fait
craquer en leur donnant une petite secousse ; il
réitère l'usage de la douche, essuie et sèche
votre tête avec des serviettes damassées de coton
et à franges; ensuite, après avoir répandu sur vos
cheveux et vos mains quelques gouttes d'essence
de rose, il vous apporte le café et la pipe.

Enfin, pour que vous jugiez s'il ne manque
rien à votre toilette, l'on vous présente un
miroir à manche, de forme ovale ou à pans
coupés, et très-artistement bordé de nacre de

perle ou d'ivoire. Ce miroir ressemble beaucoup
à ceux des anciens : seulement on a substitué
l'usage du verre à celui du métal poli.

Pendant qu'on nous rasoit, un vieux Turc,
que l'usage de l'opium avoit rendu tremblant,
se faisoit épiler les poils blancs de la barbe par
un jeune apprenti barbier. Il falloit que cet
enfant eût la main bien légère ; car le Turc,
conservant une gravité imperturbable, ne sour-
cilloit pas pendant le cours de cette opération,
assez longue pour impatienter tout autre qu'un
impassible Oriental.

Dans les principales villes de la Turquie il y
a aussi des barbiers qui vont par les rues et
dans les maisons pour exercer leur état ; ils
portent leur petite fontaine , un bassin de cuivre
étamé, plusieurs serviettes blanches , et , tenant
à la main leur miroir, ils le présentent avec
civilité à ceux qui passent , afin qu'ils jugent
s'ils ont besoin d'être rasés ; et si quelqu'un
veut se servir d'eux , ils vont s'établir à cet effet
sous le premier auvent.

Les barbiers sont en plus grand nombre dans
la Turquie que dans tout autre pays, par la
raison sans doute qu'il est indispensable de se
servir d'une main étrangère pour se faire raser
la tête. Au reste, ces artisans n'étoient pas
moins nombreux chez les anciens. Depuis Pu-

blius Ticinus Mena, qui appela des barbiers à
Rome, et Scipion l'Africain, qui, le premier,
se fit raser tous les jours (1), ils pullulèrent
dans cette ville, et surtout à Constantinople,
d'une manière si extraordinaire, qu'à l'avène-
ment de Julien au trône impérial, on fut obligé
de faire de grandes réformes dans la maison du
prince, dont les officiers étoient multipliés à
l'infini : on cite, entre autres, qu'il s'y trouva
mille cuisiniers et autant de barbiers (2).

____

(1) Varron et Pline.
(2) Histoire du Bas-Empire.

LETTRE XVIII.

Lampsaki.

Découverte d'un temple antique ruiné. — Aspect développé
de l'Hellespont. — Souvenirs historiques.

Nous nous occupions à relever, avec beaucoup
de soin, le plan d'un moulin (1) situé sur la
route qui, de Lampsaki, se dirige vers l'intérieur
des terres, et nous étions loin de prévoir que
son existence dût nous coûter des regrets,
lorsque plusieurs de nos compagnons de voyage,
qui faisoient, à quelque distance, la chasse aux
poules d'eau sur les bords d'une petite rivière,
revinrent à la hâte nous annoncer la découverte
de ruines qui ne pouvoient être que celles d'un
des plus riches temples de l'antiquité. D'abord
nous taxâmes leur récit d'exagération ; mais
ils nous firent bientôt partager leur enthousiasme.

Guidés par eux vers l'orient, et parvenus à
la rivière, nous en avons remonté le cours sur

---

(1) Il est marqué sur le plan, et j'en parlerai avec quelque détail
lorsque je m'occuperai de sarts mécaniques des Orientaux.

la rive gauche, l'espace d'un mille, et nous avons trouvé les ruines (*Planche XXIII*). Elles sont amoncelées sur le rivage : on en a distrait la plus grande partie pour en former une jetée qui repousse les eaux de la rivière, et en détermine le cours vers le moulin que nous venions de quitter. Ces eaux, grossies alors par les pluies, franchissoient l'obstacle qu'on leur avoit opposé, et retomboient en cascade. Nous avons cependant reconnu, à travers des flots d'écume, les débris précieux arrachés au temple, qui devoit être magnifique, à en juger par ce qui reste. Un seul tronçon de colonne, de plusieurs pieds de diamètre, étoit debout. Les autres débris gisoient couchés sans ordre, à moitié ensevelis dans les sables, ou même recouverts par les eaux. Ces colonnes, d'environ trois pieds de diamètre, étoient d'un marbre blanc, veiné de gris. D'autres, plus petites, étoient de granit et de marbres de couleurs variées. On retrouve aussi des fragmens de corniches et d'entablemens sculptés avec soin, des frises chargées d'ornemens d'un bon goût, et des bas-reliefs de marbre blanc, dont les Turcs ont mutilé les figures. Nous avons cherché en vain quelque fragment de chapiteau qui pût nous faire juger de quel ordre d'architecture étoit ce temple, dont il ne reste qu'un

Castellan del et Sculp.

Ruines du Temple de Priape, à Lampsaque.

amas de ruines d'autant plus affligeant, qu'ici la main de l'homme a évidemment devancé l'effet du temps et des élémens. Ces ruines sont répandues sur la pente rapide d'un coteau, du sommet duquel il semble qu'on les ait précipitées pour servir au besoin, soit à construire ou à réparer la digue, soit à d'autres usages, et pour les transporter ailleurs, au moyen de la rivière, qui, dans l'hiver, est navigable. Il est certain que, dans l'état où sont ces matériaux, c'est-à-dire sans aucune liaison entre eux, on peut aisément les enlever peu à peu, les disperser, et les dénaturer au point de faire disparoître un des plus beaux témoignages de la magnificence antique.

Si l'on nous avoit permis de pénétrer dans une propriété particulière, entourée de murs, qui se trouve sur la plate-forme du coteau, peut-être aurions-nous été assez heureux pour y découvrir les fondemens du temple; car le tronçon de colonne qui est debout au bord de la rivière ne paroît pas y avoir été fondé (1).

A la vue de toutes ces richesses nous regrettions le temps assez mal employé qui s'étoit

____

(1) J'avois d'abord pensé que ce temple, bien certainement fondé sur le coteau, étoit celui de Rhéa ou de la Mère des Dieux, que Strabon dit avoir été à quarante stades de la ville de Lampsaque; mais ces ruines ne sont pas assez éloignées de Lampsaki, ou même

écoulé depuis notre arrivée à Lampsaque ; mais il nous restera au moins l'avantage d'avoir ouvert une source de jouissances à l'ami des arts antiques, qui, avec plus de loisir et de moyens que nous n'en avions, pourra exhumer ce monument du milieu de ses ruines, et dérober peut-être quelques faits historiques à la poussière de l'oubli. Au moins ne dira-t-on plus que cette côte célèbre n'a conservé de l'antiquité que les coteaux couverts des mêmes vignes dont Xercès fit don à Thémistocle quand ce républicain passa au service du grand Roi, de même qu'il lui donna les villes de Percote et de Palæsepsis, pour en tirer ses manteaux et autres vêtemens, parce que leur territoire, estimé pour ses pâturages, nourrissoit des troupeaux dont la laine servoit à faire des étoffes qu'on peignoit de différentes couleurs (1).

Ce site est d'ailleurs admirable, et je voudrois pouvoir exprimer tout le plaisir que nous eûmes à le contempler. La rivière, resserrée par des coteaux escarpés, coule entre des arbres dont les branches retomboient en ber-

de Tchardak, pour pouvoir représenter le temple de Rhéa. Je pense donc que ces débris peuvent être ceux du temple de Priape. la principale divinité des Lampsacéniens, qui devoit exister dans les jardins, et non dans la ville même de Lampsaque ; ce dieu étant le protecteur des jardins. (*Note communiquée par M. Barbié du Bocage.*)

(1) Valerius Flaccus, Argonaut., *lib. III, v.* 9.

ceaux au-dessus de la cascade, et projetoient une ombre aussi mobile que ses eaux. Les rayons du soleil, perçant les bouquets de feuillage, frappoient les marbres épars, et les coloroient de nuances d'autant plus vives, qu'ils étoient plus exposés à l'humide bruine qui s'élevoit de la cascade. Ces effets piquans, ce contraste de la lumière et des ombres, cette fraîcheur déli-cieuse, les émanations des plantes, tout flattoit nos sens, et cette solitude, où les souvenirs du passé mêloient leur charme aux jouissances du présent, nous paroissoit un séjour enchanté.

Un Turc qui nous avoit suivis, goûtoit des plaisirs d'une autre sorte. Immobile, accroupi sur ces marbres, il fumoit sa pipe, jetant un regard dédaigneux sur les ruines dont il étoit entouré ; ou bien il calculoit le profit qu'on en pouvoit tirer en sciant, par exemple, des tron-çons de colonnes pour en faire des meules de moulin ou d'autres ustensiles d'un ordre encore moins relevé. Ce temple, nous a-t-il dit, sub-sistoit encore il n'y avoit pas très-long-temps ; on pouvoit même alors pénétrer dans des cons-tructions souterraines qui s'étendoient jusqu'à la ville, mais dont on a prudemment muré les issues.

L'heureuse découverte que nous venions de faire nous en présageoit de nouvelles. Ce pré-

mier succès nous encourageoit dans nos recherches, et nous faisoit souhaiter d'obtenir
d'autres renseignemens, que l'on pouvoit se
flatter d'avoir, moins des habitans du pays,
qu'en comparant l'aspect des lieux avec les
descriptions que les anciens en ont faites, et
peut-être, par ce moyen, devions-nous par-
venir à faire jaillir quelque lumière de ces élémens réunis.

Nous avons d'abord cherché près de là des
vestiges de constructions antiques, mais sans
aucun succès, parce que ce local est embarrassé
de bois qui nous déroboient les objets à une
petite distance, ou bien il étoit divisé en propriétés cultivées, où nous ne pouvions pénétrer
sans porter ombrage aux villageois, auxquels la
curiosité des étrangers est toujours suspecte, et
quelquefois nuisible. D'ailleurs, la ville, ou
plutôt le village de Lampsaki, n'est qu'une
réunion confuse de petites maisons basses, la
plupart construites en bois, et qui ne présentent,
dans leur développement, aucun édifice remarquable, ni même pittoresque. Après avoir cherché aux environs un endroit élevé, d'où l'on
pût embrasser un vaste coup-d'œil, et, tout en y
faisant entrer Lampsaki comme point de re-
père, y joindre quelques autres objets intéressans, j'ai choisi à cet effet un monticule

Pl. 24.

Castellan del. et sculp.

Vue de Lampsaki et de l'Hellespont.

situé au midi de la ville, et qui sert de cimetière à ses habitans. Ces sortes de lieux, indépendamment de leur intérèt moral, sont quelquefois curieux pour les antiquaires, parce que, dans les marbres dont ils sont couverts, on peut reconnoître des fragmens antiques plus ou moins défigurés, et que les Turcs ont fait servir à la décoration de leurs tombeaux. Au milieu de ceux-ci s'élève un massif de maçonnerie plus considérable, et qui paroît être d'une construction bien plus ancienne ; peut-être même est-ce le noyau de quelque cénotaphe (*Pl. XXIV*).

De cette hauteur on jouit de l'aspect développé de l'Hellespont. Ce détroit, qui ressemble à une vaste et paisible rivière dont l'œil embrasse à la fois les deux bords, et qu'on peut traverser en peu d'instans, sépare deux parties du Monde de tout temps rivales, et réunit deux mers qui ont possédé tour à tour la capitale de l'empire du Monde. Il n'est point d'espace aussi resserré qui rappelle de plus grands événemens. On voit les nations franchir successivement cet obstacle que la nature avoit sans doute creusé à dessein, aller chercher dans de nouveaux climats, non pas plus de bonheur, mais une gloire frivole, ou même des avantages moins honorables.

Dès les temps fabuleux de la Grèce, l'Hellespont est témoin d'un combat que Bacchus,

revenant d'Asie avec son armée, eut à soutenir,
contre un Roi de Thrace, qui lui disputa en
vain le passage. Vers la même époque, l'élite
des guerriers de la Grèce s'embarque à Lagases,
port de la Thessalie, et part pour une expédition dont l'objet est de s'emparer des trésors
du roi de Colchos. En passant sur la côte d'Asie,
les Argonautes s'y arrêtent pour venger les droits
de l'hospitalité, méconnus par les Bébryces.
Pollux, dans un combat particulier, tue Amy-
cus, leur roi, et délivre les peuples voisins d'un
ennemi dont ils redoutoient la valeur et la féro-
cité (1). Bientôt après, l'enlèvement d'Hélène
sert de prétexte à une nouvelle invasion. La
Grèce entière se lève, et tombe, de tout le
poids du fer dont elle est armée, sur l'Asie.
Troie résiste long-temps, et finit par être écrasée. Cependant les Asiatiques, las de porter le
joug d'une nation turbulente, font à leur tour
trembler un moment la Grèce, et Xercès, en-
chaînant les deux rives de l'Hellespont, menace
de les réunir sous la même domination. Peu
après, ce même détroit devient le théâtre où se
termine la grande tragédie de la guerre du Péloponèse. L'orgueil des Athéniens est humilié, et
les eaux de l'Hellespont sont rougies du sang

____

(1) Clément d'Alexandrie.

des Grecs, acharnés les uns contre les autres.
Mais un génie d'une trempe supérieure doit
venger l'Europe. Alexandre passe en Asie, la
parcourt sur l'aile de la victoire, soumet de
vastes pays, et meurt trop tôt pour leur bonheur.

Cette riche contrée, toujours le but des désirs
des peuples occidentaux, devient ensuite la
proie des Romains; ils courbent ses habitans
sous le joug, et dévastent ce pays sans pouvoir
l'épuiser; mais cet Empire, semblable à un
arbre antique, dont les branches énormes ne
sont plus en proportion avec sa tige, se rompt
sous le faix d'un inutile feuillage. De même cet
énorme corps, frappé dans ses extrémités, ne
conserve plus qu'une séve inutile.

Rome, déshéritée de l'Empire, succombe.
La nouvelle ville de Constantin chancelle déjà
sur ses fondemens. Une nation barbare se répand en Asie, s'y établit d'abord, et, s'enor-
gueillissant de la foiblesse de ses ennemis, elle
repousse les Grecs, les cerne de toutes parts, et
les enferme, pour ainsi dire, dans leur capitale,
dont elle vient souvent insulter les murailles.

Cependant les nations les plus vaillantes se
réunissent par un motif de piété autant que
pour venger leur honneur; elles cherchent à
contre-balancer la grande influence du Croissant,
et les Croisades parviennent d'abord à arrêter

ce torrent, prêt à tout engloutir ; elles n'em-
pêchent pas néanmoins les Turcs de franchir la
seule barrière qu'au défaut des hommes la nature
semble leur opposer ; ils traversent l'Hellespont, n'ont qu'à pousser le colosse de l'Empire
d'Orient : déjà ébranlé, il s'écroule. Toute
l'Europe retentit de sa chute, et tremble d'en
être écrasée. Mais l'esprit chevaleresque qui
régnoit encore, annonce le réveil de l'Occident ;
il retrempe les âmes, et les Musulmans, res-
treints enfin dans des bornes plus étroites, ne
résistent plus que par leur force d'inertie.

Considérons encore les objets qui nous entourent, et fixons de nouveau nos regards sur
Lampsaque.

Son territoire, qui s'étendoit autrefois jusque vers la Propontide, étoit occupé par les
Bébryces (1), peuple barbare, et qui n'avoit
d'autres relations avec les Grecs, que celles
d'un commerce peu étendu. Le terrain fertile
de cette partie de l'Asie, qui devint par la suite
l'un des mieux cultivés, et surtout renommé par
ses bons vins, étoit alors couvert de forêts,
et le nom de *Pityusa* ou *Pityoessa* que portoit

---

(1) On trouve des détails circonstanciés sur l'origine et l'histoire
des Bébryces, dans un Mémoire sur les rois de Bithynie, par
M. l'abbé Sevin. (*Mémoires de l'Académie des Inscriptions et
Belles-Lettres.*)

d'abord la ville de Lampsaque, feroit supposer qu'elle étoit entourée de bois de pins.

Mandron, roi des Bébryces, voulant faire jouir ses peuples des fruits de la civilisation (1), de l'industrie et des arts de la Grèce, proposa à deux Phocéens, descendans de Codrus, roi d'Athènes, et que le commerce avoit attirés à Parium, d'engager leurs compatriotes à venir s'établir en Asie ; il promit qu'il leur céderoit des terres, et même qu'il partageroit la ville de Pityusa avec eux. L'un de ces Phocéens partit seul pour remplir cette mission, et revint bientôt après avec une colonie de Grecs, qu'on reçut d'abord avec tous les témoignages de l'amitié, et auxquels on accorda les avantages qu'on leur avoit promis. La bonne intelligence dura pendant quelque temps entre les deux peuples, qui même se réunirent pour repousser les ennemis communs de la patrie : mais les Bébryces, jaloux sans doute de la supériorité et des succès des Grecs, craignirent d'en être un jour asservis ; et, ne pouvant se flatter de chasser par la force ces hôtes incommodes, et qui leur étoient devenus odieux, ils résolurent d'employer la trahison pour s'en défaire.

Ce complot, tramé en l'absence de Mandron,

____

(1) Polyænus, pag. 775. Plutarque, tom. II, pag. 255.

fut déjoué par Lampsacé, sa fille. Cette généreuse princesse, après avoir employé tous les moyens de persuasion avec ses compatriotes sans pouvoir les dissuader de leur projet, fit prévenir les Phocéens de se tenir sur leurs gardes. Ceux-ci, en plus petit nombre que leurs ennemis, eurent recours à la ruse pour sauver leur vie : ils se réunirent à un jour marqué hors de la ville, sous prétexte d'un grand sacrifice et d'un repas public ; et, ayant attiré par ce moyen les perfides habitans de ce côté, ils les massacrèrent pendant qu'un de leurs détachemens marchoit vers la ville, dont il s'empara par surprise ; ils firent ainsi tourner à leur profit le complot tramé contre eux, et proposèrent à Mandron de partager avec lui la souveraineté ; ce qu'il refusa, dans la crainte qu'on ne le soupçonnât d'avoir favorisé, par son absence, le massacre de ses sujets : cependant il n'en tira aucune vengeance, et reconnut même la justice de l'action des Grecs, par laquelle ils n'avoient fait que prévenir et conjurer l'orage qui menaçoit leurs têtes.

Quant à Lampsacé, qui mourut peu après, et que les Grecs considéroient comme leur sauveur, ils lui élevèrent un tombeau dans la ville, lui dressèrent des autels ; et, pour immortaliser leur reconnoissance, ils changèrent le nom de

la ville en celui de Lampsaque, qu'elle a conservé jusques à présent.

Cette ville devint l'une des plus importantes
de l'Asie mineure ; elle s'accrut même de la
destruction de Pœsos, ville voisine, dont elle
recueillit les habitans. Par la suite Lampsaque
s'étant déclarée en faveur du roi de Perse, n'é-
chappa à la colère d'Alexandre que par la présence d'esprit d'Anaximène, qui en étoit connu
et chéri. Ce prince, honteusement insulté par
cette ville, marchoit dans la ferme résolution
de la détruire. Anaximène fut prié par ses con-
citoyens d'aller intercéder pour leur patrie commune ; mais, d'aussi loin qu'Alexandre l'aperçut : « Je jure, s'écria-t-il, de ne point accor-
» der ce que vous venez me demander.... » Eh
bien ! dit Anaximène, je vous supplie de détruire Lampsaque, et de rendre esclaves tous
ses habitans.

Le jeune prince crut que le serment qui lui
étoit échappé, et dans lequel il avoit prétendu
renfermer une exception positive de ce qu'on
lui demanderoit, le lioit d'une manière irrévo-
cable, et il fut ainsi forcé de pardonner à la ville
rebelle.

Lampsaque fut une des premières villes de
l'Asie mineure, qui devinrent alliées des Romains, et, vers les derniers temps de la répu-

blique, elle vit un exemple de cruauté inouïe,
qui démontre combien étoit déplorable la con-
dition des sujets de l'Empire ; elle l'étoit devenue encore plus depuis les proscriptions. Dans
les provinces, les magistrats se croyoient auto-
risés, par cet exemple, à tyranniser les peuples ;
car, après une si horrible cruauté exercée sur
des citoyens, qu'y avoit-il qui pût paroître injuste envers des sujets ?

Verrès, ce monstre composé de l'assemblage
de tous les vices, dont Cicéron raconte, dans
le plus grand détail, les déprédations et les vio-
lences, s'étant fait donner par Dolabella, pro-
consul de Cilicie, une commission pour aller
trouver Nicomède, roi de Bithynie, vint à Lampsaque. A peine arrivé, il donna ordre à ses officiers et à son monde d'enlever la fille de l'un
des plus illustres citoyens de la ville, qui se nommoit Philodamus. Le père, homme vénérable
par son âge, et le frère de la jeune fille, se
mettent en défense ; il se livra un combat où les
gens de Verrès furent extrêmement maltraités,
et même l'un de ses licteurs fut tué. Ce n'est
pas tout : l'horreur d'un tel attentat met en mouvement la ville entière. Le peuple s'ameute, et
amasse du bois autour de la maison qu'occupoit
Verrès, pour y mettre le feu ; cependant les citoyens romains, qui étoient établis dans la ville,

employèrent les prières et les représentations
auprès des Lampsacéniens, qui se laissèrent flé-
chir, et permirent au coupable de se retirer :
mais Verrès porta ses plaintes à C. Néron, pro-
préteur de la province, qui ne put se dispenser
de prendre connoissance d'une émeute popu-
laire où il y avoit eu du sang de répandu, un
licteur tué, et un lieutenant-général mis en danger
de la vie. Néanmoins l'injustice étoit si criante,
que Verrès ne put d'abord obtenir la condamna-
tion de Philodamus ; enfin, aidé de Dolabella,
il intimida tellement les juges, qu'il extorqua
un arrêt par lequel Philodamus et son fils furent
condamnés à avoir la tête tranchée.

La principale divinité qu'on adoroit à Lampsaque étoit Priape, fils de Bacchus et de Vénus,
et que l'on croyoit né dans cette contrée (1). Ce
n'étoit pas un dieu infâme, comme on l'a cru
depuis ; il présidoit aux jardins et aux travaux
de la campagne (2), et son culte étoit le même
que celui de Bacchus (3). Par la suite il devint
licencieux, et les Lampsacéniens entretenoient
la dévotion des pèlerins, qui accouroient en foule
de toutes les parties de la Grèce, par les prestiges dont la superstition ne manquoit pas de

---

(1) Pausanias, liv. IX, chap. xxxi. Ovide, liv. I.
(2) Strabon, liv. XIII.
(3) Athénée, liv. I, chap. xxiii.

s'entourer. Trouvant leur intérêt dans cette affluence d'étrangers, ils ne virent pas sans peine l'abolition de l'idolâtrie. Lampsaque ne fut pas moins encore long-temps une des principales villes de la contrée ; elle devint même le siége d'un évêque ; érigée ensuite en métropole, il s'y tint, en 364, un concile qui n'est point reconnu par l'Eglise.

Cette ville a produit plusieurs grands hommes, parmi lesquels on distingue Charon, qui avoit écrit une histoire de Perse et de sa patrie (1) ; Anaximène, précepteur d'Alexandre, qui sauva, comme je l'ai rapporté, sa patrie par un sophisme, et Métrodore, qui vivoit du temps d'Epicure. Que reste-t-il maintenant de cette ville célèbre ? Quelques fragmens dispersés sans nulle adhérence entre eux. Les monumens auxquels ils appartiennent, sont détruits jusques à leurs fondemens, dont il n'existe même plus de traces.

A voir le village misérable auquel on donne encore aujourd'hui le nom de *Lampsaque*, on seroit tenté de croire que c'est par erreur qu'il l'a conservé, et qu'on doit chercher les ruines de la véritable Lampsaque dans un autre lieu.

Comment est-il possible, en effet, qu'une ville encore florissante plusieurs centaines d'années

----

(1) *Mémoires de l'Académie des Belles-Lettres*, tom. XIV.

après l'ère chrétienne, qui étoit lé siége d'une métropole où il devoit exister par conséquent plusieurs églises érigées dans le moyen-âge, et d'autres monumens de cette époque, n'en conserve nulle trace, et que la seule mosquée qui y existe, ne soit même qu'un bâtiment moderne, construit avec aussi peu de soin que les maisons de ses habitans ? Au reste, nous allons diriger nos recherches sur les plages voisines : peut-être en exhumerons-nous des vestiges qui nous mettront sur la voie de quelque découverte importante.

LETTRE XIX.

Au Tchardak.

Route de Lampsaki au Tchardak. —Description de ce bourg;
temple antique, converti en une écurie; traces de plusieurs
autres constructions aussi antiques. — Opinion sur la véritable place de la ville de Lampsaque.

Nous avons été visiter le joli village de Sardaki,
ou le Tchardak, qui se trouve sur le bord de la
mer, à quelques milles au nord de Lampsaque.
Tchardak, en turc, signifie donjon, et ce nom
lui vient sans doute d'une haute tour bâtie sur
un promontoire ; elle sert de fanal pour indiquer
l'entrée du canal aux vaisseaux venant de la mer
de Marmara, et qui doivent se diriger de préférence vers cette côte, celle d'Europe étant
bordée de récifs, comme nous en avons fait la
malheureuse expérience.

La route de Lampsaki au Tchardak est fort
agréable et assez bien entretenue ; elle s'élève
sur une chaussée, et, dans toute sa longueur,
un trottoir règne sur l'un des côtés : sans cette
précaution elle seroit impraticable dans la sai-

son des pluies, le terrain étant extrêmement gras. Cette route ne seroit-elle pas une portion de celle que les anciens avoient construite le long de la côte d'Asie ? Elle est au moins telle qu'on nous représente les voies antiques, partagée en un chemin bas pour les voitures, et un autre plus élevé, construit en larges dalles, destiné aux gens de pied, aux bestiaux, et même à la cavalerie. Cette route aura été entretenue de temps immémorial, parce qu'elle présente encore les mêmes avantages qu'elle offroit anciennement. Il en est de même de plusieurs usages qui se sont perpétués, parce que leur utilité a été consacrée par l'expérience et le besoin journalier, tandis que presque tous ceux qui n'étoient que le résultat de circonstances particulières, du luxe, de la mode, ou d'autres considérations éventuelles, sont tombés en désuétude, et ont enfin été oubliés. .

Le terrain de tout ce canton est excellent : aussi est-il cultivé avec autant de soin que d'intelligence, et l'aspect de ces campagnes fertiles nous retraçoit celui de nos plus riches provinces de France. Les propriétés sont entourées, et séparées l'une de l'autre par des haies d'arbustes odorans, ou par des cannes et des joncs entrelacés à claire-voie, d'une manière régulière et assez ingénieuse. Les cultures sont très-variées :

ici l'on voit une pièce de blé ; là , un champ de coton ; plus loin, des planches d'herbes potagères ; partout, un agréable mélange de vergers, de vignes et de bouquets de bois. Ce coup d'œil est surtout remarquable lorsqu'on a touché à la côte opposée, qui est nue , stérile , sans arbres et même sans eau. Le bras de mer qui sépare ces deux contrées paroît avoir, comme une barrière insurmontable, préservé cette partie de l'Asie des guerres sans cesse renaissantes, et du passage dévorant des soldats. C'est cependant moins à ce fléau qu'il faut attribuer la stérilité actuelle de l'autre rive, qu'à la nature du terrain et à sa pente rapide, qui s'oppose à la culture. Ce contraste nous a frappés vivement. L'Asie est un grenier d'abondance pour la capitale de l'empire, qui seroit bientôt en proie à la famine, si l'on cessoit de voir le détroit couvert de caïques chargées de tous les dons de cette terre fortunée.

Revenons à la route du Tchardak : c'est une promenade qu'on s'est plu à embellir par des établissemens publics bien intéressans, je veux parler de fontaines qu'on y voit, à des distances très-rapprochées , distribuées sur les bords du chemin. Construites avec la plus grande simplicité , consacrées à la seule utilité , elles remplissent leur objet d'une manière plus touchante que les somptueuses fontaines que nous avons vues à Gallipoli. Il n'est pas besoin d'y inscrire cet adage persan :

« Ne jette pas de boue dans la source où tu t'es désaltéré; »

elles sont sous la sauve-garde publique. On n'y voit pas des vases de métal pendans à une chaîne : une simple calebasse creusée sert au même usage. Le voyageur altéré la trouve sur le rebord du réservoir, s'en sert, la lave, et, après l'avoir baisée (1), la remet sur la même pierre, où un autre voyageur la retrouvera : les enfans eux-mêmes se garderoient d'y toucher autrement que pour s'en servir de cette manière. Le même sentiment qui a fait ériger ces fontaines, a porté le fondateur à planter des arbres qui offrent des fruits et de l'ombrage, et sous lesquels on voit souvent son tombeau et ceux de ses descendans,

---

(1) Cette action est assez ordinaire chez les Turcs; elle marque le respect ou la reconnoissance. Je rencontrai un vieillard chargé de pains, et courbé sous ce faix. Un de ces pains roula par terre; une femme accourt, ramasse le pain, le baise, et le remet dans la hotte. C'est particulièrement pour les papiers, que les pieux Musulmans font cette cérémonie, dans l'idée qu'ils ont que ces papiers peuvent renfermer le nom de Dieu. « Pour marque de l'amitié (dit » Jean Copin, dans la relation de ses voyages) que le capitaine » arabe avoit pour nous, il prenoit le bout de sa barbe, et la baisoit » en nous nommant. C'est une démonstration de bienveillance qui » est presque en usage parmi tous les Mahométans; et quand ils » veulent témoigner du dégoût ou du mépris, ils prennent encore » le bout de leur barbe, et crachent dessus. »

qui considèrent cette propriété comme un lieu sacré. En un mot, on reconnoît dans ces monumens une intention bien marquée de bienveillance, dont on n'est pas étonné lorsqu'on parcourt ce pays, où des mosquées, des écoles, des hôpitaux et des hôtelleries attestent à chaque pas la piété des Musulmans. Les sultans donnent l'exemple de ces fondations pieuses en construisant des édifices publics, et surtout des mosquées, auprès desquelles on réserve un vaste terrain planté de cyprès et d'autres arbres toujours verts, où ils font édifier des tombeaux magnifiques pour eux et pour les personnes de leur famille. Cet usage a de l'analogie avec celui des empereurs romains, qui faisoient élever d'immenses mausolées, où non seulement leurs parens, mais encore leurs affranchis et même leurs esclaves, avoient leurs places marquées : triste réunion, où chaque individu, de quelque rang qu'il eût été, n'occupoit plus que l'espace nécessaire pour recevoir l'urne qui contenoit ses cendres !

Je n'ai jamais rencontré une de ces fontaines, qu'elle ne m'ait rappelé l'une des plus touchantes idylles de Gessner. Soulevant les festons de lierre ou de chèvre-feuille qui retomboient sur le fronton, j'étois étonné de ne pas y voir inscrit le nom d'*Amyntas;* et si une jeune Grecque au

maintien modeste, drapée de son schall, la cruche
de terre sur la tête, s'approchoit pour puiser
de l'eau, j'étois prêt à lui demander le récit
des derniers jours d'Amyntas, « de l'homme
» vertueux, dont la vie ne fut qu'une chaîne
» de bienfaits, et qui, voulant faire du bien,
» long-temps après sa mort, conduisit cette
» source en ce lieu, et y planta ces arbres. »

Gessner, peintre de la nature et du sentiment,
que n'as-tu pris tes modèles et puisé tes sujets
dans cette contrée ! Tes pinceaux lui eussent res-
titué le charme qu'elle a perdu. Mais non ; ton
âme sensible n'auroit vu qu'un triste contraste
entre cette terre et les descriptions de ses poëtes :
une sombre réalité auroit rembruni tes couleurs,
ou, pour tracer de rians tableaux, il t'eût fallu
fuir les villes habitées par le Turc indolent et
barbare, par le Grec dissimulé et rampant. Con-
traint de t'enfoncer dans les solitudes que dominent le Pholoë et le Taygète, tu aurois retrouvé, il est vrai, l'Arcadie toujours sauvage,
toujours belle ; mais que de peines et de fatigues
t'auroient coûté quelques momens de plaisir !
Plus sage et plus heureux, c'est dans ta patrie
que tu as retrouvé la candeur, la franchise, la
fierté, la valeur des anciens Grecs, les vertus,
en un mot, que tu aimas tant à chanter. Une
autre Arcadie plus fraîche, plus riante, s'offroit

à tes pinceaux. Epoux chéri, père adoré, tu fus fixé dans ta retraite par la bonté de ton cœur et la simplicité de tes goûts : tu ne songeois qu'au bonheur, et tu trouvas la gloire : ta famille, tes amis et ton pays t'inspirèrent mieux cent fois que ne l'eût fait la Grèce déshonorée.

Le village de Tchardak est dans une agréable position sur le bord de la mer, à l'extrémité d'un vallon arrosé par de nombreux ruisseaux qui descendent en cascades de coteaux couronnés de bois. Il paroît que les habitans vivent dans l'abondance, et qu'ils ne sont pas avares de leur superflu ; car ils nous offroient avec empressement des provisions de toute espèce. Quelquefois même une porte ou une fenêtre s'entr'ouvroit, et des femmes nous présentoient, en se cachant le visage, des paniers remplis de fruits, de fromages ou d'œufs frais. Nous voyions autour des maisons une infinité d'oiseaux domestiques, et surtout des oies d'une grosseur extraordinaire, et dont le plumage étoit éclatant de blancheur.

Nous avons vu aussi dans cet endroit, et pour la première fois, des troupes de grues ; elles paissoient le gazon auprès des ruisseaux, et nous laissoient approcher jusqu'à une certaine distance. Poursuivies, elles couroient plus vite que nous, en s'aidant de leurs ailes, s'élevoient péniblement ; mais lorsqu'elles avoient atteint une colonne d'air suffisante pour les soutenir, elles voloient avec grâce, et formoient des évolutions symétriques. Ces oiseaux font leurs nids sur les édifices les plus élevés, et l'on se garde bien de les y troubler. Si nous avions eu le malheur d'en tuer un, nous aurions couru les plus grands risques. J'ai rarement vu, dans un si petit espace, un aussi grand nombre de canards sauvages et de poules d'eau : la mer en étoit couverte. La pêche y est aussi fort abondante.

Les habitans de ces côtes font peu de commerce ; mais l'abondance des productions naturelles les fait jouir d'une honnête aisance, sans leur inspirer l'amour du gain et la soucieuse avarice qui en est la suite. Si l'on a quelquefois accusé ces peuples de mauvaise foi, de méfiance et de procédés peu délicats envers les étrangers, c'est que ces derniers y ont souvent donné lieu, ainsi qu'à des représailles fâcheuses ; mais il paroît qu'entre eux ils n'ont rien de cela à craindre. Leurs propriétés sont sous la sauve-garde publique : entourées seulement de haies ou de légères barrières en roseaux, ces foibles remparts, insuffisans contre les malintentionnés, ne leur servent qu'à se mettre à l'abri des incursions des troupeaux et des autres animaux domestiques. La plus touchante preuve que je puisse donner de cette confiance, de cette bonne foi générale, c'est de voir la plupart des portes de leurs maisons sans serrures, fermées d'un simple loquet en bois, ou même souvent de cordons que les habitans se contentent de nouer pour indiquer qu'il n'y a personne au logis. Ce seul fait, que nous avons remarqué avec autant de surprise que de plaisir dans les environs de Lampsaque et du Tchardak, et que nous pouvons certifier, fait l'éloge le moins équivoque de la moralité des habitans.

Sur la place de la mosquée (*Pl. XXV*), nous avons aperçu divers fragmens antiques, et je soupçonne que cette mosquée elle-même fut construite sur d'anciennes fondations : le porche en est soutenu par des colonnes. Notre curiosité ayant été remarquée, on nous conduisit avec un empressement et une bienveillance qu'on a rarement ici pour les étrangers, vers un vaste bâtiment qui sert d'écurie. Le comble repose sur deux rangs de colonnes antiques de différens diamètres. Les chapiteaux ne sont pas, à beaucoup près, assortis aux colonnes, ni même en proportion avec elles : quelques uns sont posés en sens inverse ; elles ne sont pas elles-mêmes uniformément alignées et espacées, et l'on pourroit presque douter qu'elles eussent été fondées en ce lieu. L'obscurité qui y régnoit, et l'impa-

-tience que témoignoient nos conducteurs, surtout lorsque nous voulions prendre des mesures, nous ont empêchés de vérifier si nous
étions réellement sur l'emplacement d'un temple
antique qui n'auroit pas encore été remarqué
des voyageurs.

Il devoit appartenir à une ville assez importante, bâtie sur l'emplacement du village de
Tchardak. Ce n'est pas, au surplus, l'édifice en
lui-même, qui me feroit supposer l'existence
de cette ville : ce seroit plutôt les divers ordres
dont il est composé. En effet, la variété des
chapiteaux et des colonnes semble indiquer la
préexistence de monumens divers, dont ils
seroient les débris. Si les Turcs les avoient employés à l'ornement d'une mosquée, on pourroit
croire que l'importance qu'ils attachent à ce
genre de monument auroit vaincu leur paresse,
et les auroit engagés à faire venir ces colonnes
de Lampsaque ; mais l'usage qu'ils en ont fait,
éloigne absolument l'idée d'une telle supposi-
tion, et prouve qu'ils les ont trouvées sous leur
main. Il est probable que la plus grande partie
de ces colonnes étoit sur pied, et qu'ils ont rétabli le moins mal qu'ils ont pu celles qui manquoient, les couronnant de divers chapiteaux
trouvés dans le voisinage pour atteindre la hauteur de celles qui étoient entières, et asseoir

le toit d'une manière régulière et horizontale.

Ce qui nous a fait encore supposer que nous foulions un sol historique, c'est un aqueduc pour la conduite des eaux qui alimentent les fontaines de Tchardak. Ces fontaines sont aussi plus nombreuses qu'il ne faut pour un très-petit village. On y remarque d'ailleurs des fragmens de sculpture antique, dont on s'est servi fort maladroitement pour les décorer. L'aqueduc se trouve, en remontant la petite rivière, vers l'extrémité de la vallée, au levant. Il existe dans le même endroit d'autres ruines que nous n'avons pas examinées avec assez de soin pour les décrire.

Quelle est donc cette ville grecque parfaitement oubliée, qui néanmoins a possédé plusieurs monumens qu'on peut supposer magnifiques, à en juger par ce qui reste ? L'étude des anciens auteurs et l'examen attentif de ces ruines conduiroient peut-être à la solution de ce problème.

En attendant qu'on ait reconnu et fixé la position des lieux avec plus d'exactitude que nous ne pouvons le faire, qu'on nous permette de réunir quelques faits, et d'en tirer des conséquences conjecturales que nous soumettons aux antiquaires.

Les anciens nous apprennent qu'il n'existoit sur cette côte que les villes de Lampsaque, de

Pœsos et de Parium. Le Tchardak ne peut être la ville de Parium, qu'on place sur la Propontide, et par conséquent à quelques lieues plus au nord.

Voyons si ce seroit celle de Pœsos (1) qu'on doit chercher entre Parium et Lampsaque. Homère la nomme *Pœsos* et *Apœsos*, et Didyme, son scoliaste, ajoute qu'elle tient ce dernier nom d'un de ses rois. Strabon dit que c'étoit une colonie des Milésiens, parce que, apparemment, ils étoient venus s'y établir postérieurement à la guerre de Troie. Elle existoit encore vers l'an 5oo avant Jésus-Christ, puisqu'elle prit part à la révolte des Ioniens contre Darius, et qu'elle fut réduite comme les autres villes de l'Hellespont ; mais elle étoit détruite du temps de Strabon ; et ses habitans étoient passés à Lampsaque, sans doute avant Scyllax, car cet auteur n'en parle pas. Une rivière qui couloit sous ses murs avoit retenu le nom de *Pœsus*. La destruction de cette ville est-elle l'effet de quelque convulsion de la nature, de quelque fléau, ou la suite des malheurs de la guerre ? C'est ce qu'on ignore. Ce qui paroît certain, c'est qu'il n'en est plus question dans l'histoire depuis ce temps, et l'on ne désigne sur cette partie de la côte de l'Asie,

____

(1) Strabon, *lib. XIII.*

la plus rapprochée de Gallipoli, que Lampsaque, comme port ou ville de quelque importance.

Quel est maintenant l'état de Tchardak? C'est un village où l'on rencontre à chaque pas des fragmens antiques. Nous y avons aussi reconnu ceux d'un ou même de plusieurs temples, et, en remontant la petite rivière qui se jette près de là dans la mer, on voit des restes d'aqueducs qui peut-être portent encore les eaux à un grand nombre de fontaines. Le port est petit, mais bien abrité, étant entouré par un promontoire sur lequel s'élève une tour qui sert de fanal. Tout annonce le local d'une ancienne ville, et la rivière, dans laquelle on pourroit reconnoître le Pœsus, feroit croire à la préexistence de la ville Pœsos en cet endroit, situé en effet entre Lampsaque et Parium ; mais les ruines que nous avons entrevues au Tchardak, n'auroient pas échappé à Strabon, si la ville de Pœsos n'eût été totalement détruite de son temps. D'ailleurs, ces restes portent tous les caractères des constructions romaines, et même de celles du Bas-Empire. Nous y avons reconnu des chapiteaux de différens ordres, et surtout d'ordre composite que les Grecs n'ont jamais connu, et qui ne pouvoient appartenir qu'à des monumens bien postérieurs. Des aqueducs bâtis en briques et en petits moellons unis par le ciment, ne portent pas davantage le caractère de monumens grecs. Or, si tous ces débris appartiennent au sol sur lequel ils sont dispersés, ce même sol n'est pas celui de la ville de Pœsos, qui n'existoit déjà plus du temps de Scyllax, c'est-à-dire plusieurs centaines d'années avant l'époque que désigne le style de ces constructions. Le village de Tchardak n'occupe donc pas la place de l'antique Pœsos.

Cependant ce local étoit très-favorable à l'établissement d'une ville. Son port, sa rivière, la bonté du terrain qui l'environne, avantages que ne possède pas Lampsaki à un si haut degré, feroient soupçonner, malgré la distance qui sépare ces deux villages, que Lampsaque pourroit bien s'être étendue autrefois jusques en ce lieu, et que même le port de Tchardak étoit le véritable port de l'antique Lampsaque (1), celui

(1) L'idée de placer l'ancienne Lampsaque à Tchardak m'a paru d'abord d'autant plus juste, que Strabon dit que cette ville avoit un bon port; et que ce port ne pouvoit exister que par le moyen des môles, dont on ne voit aujourd'hui aucun vestige à Lampsaki même. A Tchardak, au contraire, un attérissement assez considérable, renfermant une espèce de lagune, semble indiquer un ancien port qui se seroit comblé, et dont les môles seroient couverts par les sables. Une tour même, ou fanal, qui est situé sur ce banc de sable, annonce qu'il est construit sur une partie solide. Cependant, une personne, qui a visité ces côtes en 1815, prétend qu'il n'y a aucun débris tenant au sol à Tchardak; que l'attérissement n'est qu'un composé de sables amoncelés et mouvans, et que les ruines sont toutes à Lampsaki même. (*Note communiquée par M. Barbié du Bocage, qui, d'après les données exactes qu'il possédoit, et les notes que nous lui avons fournies, a eu la complaisance de tracer le plan de cette partie de la côte d'Asie.*) (Planche XXVI.)

où mouillent maintenant les vaisseaux, ne pouvant être considéré que comme une rade bien moins sûre que n'étoit le port de Tchardak pour les navires des anciens, qui tiroient beaucoup moins d'eau que les nôtres. Au reste, nous n'avons réellement pas reconnu de monument antique fondé à Lampsaki, mais seulement des fragmens isolés, à l'exception de l'édifice situé sur le bord de la mer, et qui peut-être même n'a été formé que de marbres rapportés. Le temple même dont nous avons fait la découverte, et qui se trouve hors de ce village du côté de Tchardak, pourroit tout aussi bien appartenir à ce dernier endroit. Strabon marque l'ancienne ville de Percote comme le point intermédiaire entre Lampsaque et Abydos. Or, si l'on s'accorde à reconnoître Percote dans un lieu subsistant sous le nom de *Bergase*, bien plus rapproché de Lampsaki que d'Abydos, il faudroit éloigner le site de Lampsaque vers le Tchardak, qui se trouve en effet à la distance requise. Il seroit donc possible que cette ville célèbre, l'une des plus puissantes de l'Asie mineure, et qui, pendant plusieurs siècles, a été une place importante de commerce du Levant, couvrît toute cette côte depuis le Tchardak jusqu'au village de Lampsaki, qui auroit été l'un de ses anciens faubourgs.

Cependant, si le port de Tchardak doit être

considéré plus spécialement comme celui de Lampsaque, pourquoi a-t-il perdu ce nom, et l'a-t-il laissé usurper par un faubourg ou un village isolé ?

On pourroit en accuser les géographes, et surtout les marins modernes, qui s'arrêtent de préférence dans ce dernier local, parce qu'il leur permet de jeter l'ancre sur une plus grande profondeur ; ils auront pris la partie pour le tout, et auront conservé à ce mouillage un nom fameux, ne laissant à l'ancien port de Lampsaque que le nom du fanal qui le rend remarquable, et qui même fortifie encore notre opinion. Elle nous paroîtra d'autant plus probable, si nous pouvons la faire cadrer avec le récit de l'un des événemens qui présente le plus d'authenticité par les détails dont il est accompagné, et par l'accord unanime des historiens : il nous servira en même temps à rectifier quelques autres erreurs où sont peut-être tombés les géographes modernes.

Lors de la célèbre victoire d'Ægos-Potamos, remportée par Lysandre sur les Athéniens pendant la guerre du Péloponèse (1), la flotte de ces derniers étoit d'abord mouillée au port d'Eléonte dans la Chersonèse. Après avoir pris

____

(1) Xénophon, *lib. II.*

des vivres à Sestos, ils firent voile, et remontèrent le canal jusqu'au lieu appelé *Ægos-Potamos* (la rivière de la Chèvre), où ils s'arrêtèrent vis-à-vis des ennemis qui étoient campés à Lampsaque. « En cet endroit l'Hellespont n'a-
» voit que quarante stades de largeur (environ
» cinq quarts de lieue). Lorsque l'armée navale
» de Lysandre s'avança à travers le détroit pour
» attaquer celle des Athéniens, l'armée de terre
» des Lacédémoniens se hâta de monter sur le
» promontoire pour voir le combat, qui se livra
» à la chute du jour ; car Lysandre surprit les
» Athéniens qui avoient quitté leurs bâtimens
» pour se disperser sur le rivage , où ils étoient
» occupés à préparer leur repas du soir, etc. »

Il résulte de ce récit, que la flotte des Athéniens étoit en face de Lampsaque, à l'embouchure d'une petite rivière ; ils avoient choisi sans doute une station favorable pour la manœuvre, et qui les mît en même temps à l'abri d'un coup de vent, imitant en cela les Lacédémoniens qui étoient au mouillage de Lampsaque, abrité par un promontoire.

Or, en face de Lampsaque, il n'existe pas de position préférable à celle de Gallipoli. En cet endroit le canal n'a pas en effet quarante stades de largeur ; ce qu'on ne peut pas dire de la partie où l'on marque l'embouchure de l'Ægos-

Potamos, et qui est une des plus larges du canal.
On pourroit donc reconnoître l'Ægos-Potamos
dans la petite rivière qui traverse encore la ville
de Gallipoli, et vient se jeter dans son port:
L'armée de terre des Lacédémoniens, qui monta
sur le promontoire de Lampsaque (celui du
Tchardak), pouvoit très-bien, de ce point élevé
et le plus rapproché de Gallipoli, apercevoir
tous les mouvemens des flottes rivales ; ce qu'elle
n'auroit pu faire si l'Ægos-Potamos eût été à
plusieurs lieues plus bas, comme l'indiquent
toutes les cartes, distance beaucoup trop considérable pour qu'on pût distinguer les manœuvres
des flottes, surtout à la fin du jour, moment
dont Lysandre profita pour surprendre ses ennemis. De plus, le capitaine du vaisseau, qui
alloit reconnoître la position des Athéniens,
eut ordre d'élever un bouclier lorsqu'il les ver-
roit dispersés sur le rivage. Ce fut après avoir
aperçu ce signal, que Lysandre donna l'ordre
à ses galères de traverser le canal pour livrer le
combat. Il falloit donc que le vaisseau qui avoit
été à la découverte, fût à la portée de la vue.
L'auroit-il été s'il fût redescendu à plusieurs
milles plus bas ? Il ne fit sans doute que traverser le canal, fort étroit, comme nous l'avons
déjà dit, entre Gallipoli et Tchardak.

Cette explication ne paroîtroit-elle pas déterminer d'une manière fort claire la position respective des deux armées navales, et confirmer en même temps la véritable situation du port et de la ville de Lampsaque, ainsi que celle de la rivière d'Ægos-Potamos ? Il faudroit, pour prouver cette assertion, ou au moins lui donner toute la probabilité nécessaire, réunir un plus grand nombre de faits et d'autorités ; mais je ne pousserai pas plus loin un examen qui seroit la matière d'une dissertation intéressante, et dont les matériaux me manquent. Je me borne pour le moment à éveiller l'attention des géographes sur une hypothèse qui demande toute leur attention.

FIN DU PREMIER VOLUME.